ÉCOLE DES HAUTES ÉTUDES
EN SCIENCES SOCIALES
Centre d'études africaines

DOSSIERS AFRICAINS

dirigés par
Marc Augé et Jean Copans

POUVOIR DES VIVANTS
LANGAGE DES MORTS

Idéo-logiques sakalava

par
J. F. Baré

FRANÇOIS MASPERO
1, place Paul-Painlevé
PARIS-V^e
1977

AVANT-PROPOS

Comme le système politique qui constitue son objet, ce livre est le produit d'une somme de contraintes : écrit dans le cadre du Musée de l'Université de Madagascar pendant l'année 1973, à la suite d'une enquête de terrain menée en 1971 et 1972, il ne s'appuie sur des faits sociaux observés dans le Nord-Ouest malgache que pour tenter d'en décrire les conditions *minimales* d'existence. Le lecteur souhaitant confronter les raisonnements exposés ci-dessous à ces faits, qui en constituent le soubassement, devra donc se reporter à deux ouvrages faisant la plus large part aux matériaux empiriques et menés quasiment de front pendant cette même année 1973 [1].

Au lieu de s'immerger dans les faits, on a donc tenté ici, par une méthode réductrice, de se libérer de ceux qui n'étaient pas absolument nécessaires pour rendre compte des traits premiers ou, pour parler comme Hegel, du « contrat » implicite à un système politique qui, pour être marginal par rapport à l'actuel pouvoir de l'Etat Malgache, se fondait cependant sur des principes idéels profonds, explicites ou inconscients, réalisés diversement dans l'ensemble de la Grande Ile.

---

1. *Conflits et résolution des conflits dans les monarchies sakalava du Nord actuelles.* Publication provisoire, Musée de l'Université de Madagascar, « Travaux et Documents », vol. XII, 1973, et *Permanence et évolution d'une monarchie du Nord-Ouest Malgache.* Thèse de 3ᵉ cycle, Université de Paris V, 1975 (à paraître).

L'un de ces principes profonds pourrait peut-être se formuler : transformer l'histoire en présent. Comment ? A l'intérieur de la petite monarchie dont il sera question ici, des morts ne cessent de parler : ou plutôt ces étonnantes personnalités sakalava, les possédés royaux (*saha*) qui représentent tous les rois morts depuis la fondation des dynasties de l'Ouest. C'est la place prise par leurs paroles qu'on tente de restituer ici : comment peuvent-ils être à la fois contemporains et passés, vivants et morts ? Interrogation si profonde qu'on pourrait être tenté de l'étendre à l'ensemble des faits malgaches les plus actuels ; interrogation identique à celle récemment décelée par P. Ottino dans l'analyse d'un mythe fondateur du pouvoir de type malgache, le fameux conte d'Ibonia. L'attention s'est donc portée quasi exclusivement sur les contraintes organisationnelles produites par des idées et des représentations. Cette préoccupation a inévitablement conduit à reléguer au second plan ce que L. Dumont a nommé, à propos de la hiérarchie indienne, la « composante résiduelle », c'est-à-dire les aspects organisationnels ressortant sans contacts de l'ordre de la production et de la reproduction de la base matérielle des sociétés, sans être affectés par les conceptions locales relatives à l'organisation sociale. Ce choix a tenu à la nature et à la situation historique de la monarchie Bemihisatra du Nord malgache. En possession d'un plus grand nombre de documents anciens, il aurait été en effet assez aisé de reconstituer le fonctionnement d'une hiérarchie qui, jusque dans les années 1830, agissait comme un instrument de contrôle territorial et foncier au profit d'un ordre noble dominant, ainsi que le montre un texte du capitaine de vaisseau Guillain, remarquable observateur des royaumes sakalava de l'Ouest malgache dans les années 1840-1850 [2]. Ceci n'était pas le cas des organisations monarchiques renouvelées par le contact avec l'Etat colonial français, depuis 1840 et surtout depuis l'annexion définitive de 1896. L'efficacité matérielle de la hiérarchie politique *en tant que telle* s'est alors brisée : au lieu que se dessinent le long d'elle des réseaux de production et de redistribution, l'ordre noble s'est progressivement séparé économiquement de l'ordre roturier, et est devenu une sorte de groupe privé, agissant pour ses intérêts propres ; même si en 1922 les procès-verbaux de bornage de la préfecture de Diégo-Suarez mentionnent sur les terres royales l'existence de métayers, qui existent d'ailleurs toujours, la relation économique ainsi posée entre

---

2. Ce texte trop long pour être ici cité peut être consulté aux **Archives nationales**, section Outre-Mer, à Paris (cote MAD 17 32).

roturiers et nobles pouvait être considérée comme équivalente à n'importe quelle relation de métayage, à ceci près que les nobles rétribuaient moins bien, semble-t-il, leurs travailleurs que les capitalistes français. Les seuls flux économiques qu'on peut considérer soutenir la hiérarchie sont d'ordre cérémoniel, c'est-à-dire qu'ils ne sont quasiment jamais réintroduits dans l'ordre économique actuel. Cette situation fournissait ainsi une sorte d'épure d'une organisation fondée par les déterminations de l'histoire sur la seule conscience d'un ordre inter-individuel, c'est-à-dire sur des schémas idéaux.

Le texte suivant tente ainsi de répondre à deux questions. Comment la hiérarchie sociale déterminée par l'ordre monarchique se conserve-t-elle ? Comment est-elle liée à un appareil et une hiérarchie politiques ? C'est dire qu'il ne met pas en question la « détermination *en dernière instance* » par la base matérielle des sociétés [3] ; il se contente de rappeler que sans la prise en compte des projets des acteurs et de ce qui, dans leur conscience, les conduit à obéir, à accepter ou à refuser, à participer à des rituels, à prendre telle option plutôt que telle autre, la notion même de « détermination en dernière instance » est « vide, abstraite, absurde » ; car elle conduit à réduire la diversité des conceptions culturelles relatives au problème de la reproduction sociale à une sorte d'unité monotone éliminant à bon compte ce qui forme la réalité quotidienne de la vie sociale des organisations humaines ; et de ce fait, contraint l'anthropologie à une sorte de vertige toujours plus éloigné, dans sa spirale continue, des sociétés dont elle entend rendre compte pour la confiner à un dialogue entre une centaine d'universitaires et de chercheurs qui se parlent entre eux.

Le caractère central, *premier,* des idées ou conceptions locales relatives à la hiérarchie et au pouvoir à Madagascar m'a été révélé progressivement par P. Ottino au cours de notre travail commun à l'Université de Madagascar entre 1971 et 1973 ; de même que la richesse des faits et bien d'autres choses encore que ne sauraient épuiser des remerciements académiques ; et je dois à M. Augé, par ses commentaires, de m'avoir appuyé dans cette voie, jalonnée par son livre récent [4] qui me paraît marquer la date d'une sorte de révolution copernicienne en anthropologie. Après *Théorie des pouvoirs et idéologie,* il sera désormais difficile, en effet, de parler d'un domaine

---

3. Voir la lettre d'Engels de 1890 citée par M. GODELIER dans *Horizon — Trajets marxistes en anthropologie,* François Maspero, Paris, 1972.
4. M. AUGÉ, *Théorie des pouvoirs et idéologie.* Etude de cas en Basse-Côte d'Ivoire, Hermann, Paris, 1975.

des représentations confiné par le langage de bois des « matérialistes vulgaires » au dernier étage des « superstructures ». Toute relation entre des faits est aussi relation entre des représentations ; tout acte, tout *praxis* est au moins un peu déterminée fût-ce à tort, faussement, par des visées, des choix, des représentations, et toute pensée — faut-il rappeler ici les cosmologies africaines ? — porte en elle une pratique et une réalisation.

On tente de la même manière de montrer ici qu'il est impossible d'isoler une sorte de niveau premier, « objectif », du système socioculturel sakalava du Nord — par exemple « la parenté », « l'économie » — qui fonderait et déterminerait le reste de l'intérieur de sa boîte de Pandore.

Si les Sakalava sont hiérarchisés, c'est du fait de leurs propres conceptions du statut, conceptions qui reposent à leur tour sur une sorte de contrat premier assurant la légitimité monarchique. Entre l'ordre politique — commander, obéir, donner, refuser — et l'ordre social — à qui et à combien de gens donner du pouvoir, distribuer des biens, quels sont les groupes réels — c'est une cohérence d'ordre intellectuel, *pensée,* qui est un jeu.

LÉGENDE DES FIGURES

Dans les schémas généalogiques, les noms en majuscules correspondent aux hommes, les noms en minuscules aux femmes. Les adoptions sont notées par des flèches dans le sens « adopté » → « adopteur » ; les groupes de frères et sœurs germains sont réunis par un trait horizontal au-dessus des noms, les époux par un trait situé en dessous, rompu par une petite barre verticale dans les cas de séparation.

Les traits verticaux notent la descendance.

Les contours fermés, dont la surface est parfois rayée obliquement, indiquent selon les cas les groupements de co-résidents ou les maisonnées.

I

LE NORD-OUEST
ET SES DEUX POUVOIRS

Le Nord-Ouest de Madagascar. L'année 1972

Des reliefs volcaniques couverts de forêt primaire où apparaissent ici et là les taches rouges de latérite que provoque l'action répétée des brûlis, les taches d'un blanc éblouissant des plages, les basaltes étranges comme des sentinelles qui découpent les littoraux, la mer omniprésente et pourtant vite oubliée dès que l'on s'enfonce un peu par les sentiers glissants dans la moiteur de l'intérieur des terres. Une vie sociale rythmée d'appels et de plaisanteries faites à voix haute, fuyant la solitude dans des groupes faits et refaits à toute occasion, les départs en « taxi-brousse » des petites villes et les conversations féminines intercalées dans les longues heures vacantes des après-midi chauds, sur les « vérandas » basses des maisons. De grands villages végétaux au plan indécis et à l'espace intime, l'enfermement des groupes familiaux plus symbolisé que réalisé dans les palissades à claire-voie envahies de plantes à usage domestique, médicinal ou d'agrément. Les taches crème des voiles carrées des pirogues dont l'approche laisse bientôt entrevoir la cargaison d'une menue production domestique vendue aux marchés des sous-préfectures, le silence naturel des établissements littoraux, l'animation des centres urbains, les pagnes sobres des pêcheurs sakalava et le « grand vêtement » blanc des islamisés.

Une des régions « riches » de Madagascar, qui, avant la chute des cours du café et du poivre dans les années soixante, produisait la majeure partie des devises de la Grande Ile. L'argent et la sexualité qui émaillent des conversations étirables jusqu'à l'extrême, une sociabilité tranquille. Paradoxale unité des couples, éléments essentiels de la production des biens fonciers, caféières, poivrières et brûlis qui, sur les versants abrupts, imitent lors de la coupe, dans le fouillis des troncs et des arbustes, une catastrophe naturelle que dément la netteté du tracé contrastant avec la forêt environnante ; couples vite formés et vite brisés dans le fracas d'une querelle de ménage que les femmes, sûres d'elles, imposantes, autoritaires, séditieuses, mais au profond d'elles généreuses, anxieuses de s'assurer des biens personnels, provoquent, tentant d'obtenir de nouveaux bijoux en or qui forment une réserve de valeur pour leurs filles. Des colons, dont la vie quotidienne défraie la chronique paysanne, d'immenses terres issues des périmètres de colonisation octroyés dans les années vingt, le racisme tranquille des pays d'ancienne colonisation française. La mort : dans les villages, le nombre des groupes assemblés la signale, l'ivresse due au rhum qui circule dans un unique verre, le bruit syncopé des pilons qui frappent alternativement les mortiers de bois dans le mouvement cyclique des femmes courbées. Les fourneaux aux parois noires que l'on pousse jour et nuit, jusqu'à l'invraisemblable course où le cercueil est malmené jusqu'au cimetière, dans une sorte de violence hâtive. L'argent qui circule, l'argent qui disparaît. Des hommes soucieux de conquête, porteurs apparents du jeu politique et social, parlant bas lors des réunions villageoises, parlant haut et pourtant craintifs dans d'autres occasions. Manipulés, rendus naïfs par le choc de systèmes sociaux extérieurs, devant les infimes choix ponctuels et répétés d'une vie sociale en lambeaux (l'argent du café ou la nourriture des brûlis, entretenir des terres familiales ou chercher un travail salarié), apparemment incapables de violence et d'organisation politique autonome, portant au profond d'eux-mêmes la hiérarchie. Maudissant parfois les jeunes gens qui portent comme des boucs émissaires le profond désarroi d'un système social émietté avec le souvenir d'anciens fastes historiques. La jetée brisée, solitaire, de Marodoka, ancien « poumon commercial » du Nord où jusqu'au début du siècle se côtoyaient marchands d'esclaves et traitants indiens.

Dans les villes, Ambanja sur la Grande Terre, Hellville sur Nosy Be, la sobriété affectée des bâtiments administratifs où le personnel de l'Etat malgache, en chemise-veste et pantalon ou en robe légère, maintient dans ses contacts avec le public le ton chaleureux, le verbe haut du parler sakalava, que dément pourtant la distance révélée par la gêne de paysans à la stature lourde, dont les mains sont parfois animées d'un léger tremblement. Le pouvoir : *fanjakaña* — ou bien le pouvoir malgache : *fanjakaña gasy*. Dans la périphérie des villes, dans la périphérie de l'histoire politique du Nord-Ouest, implantées dans les quartiers denses où les Comoriens dominent, des familles royales issues des dynasties les plus puissantes de l'île voici deux siècles, alors despotes et chefs de guerre, monopolisant grâce à leur contrôle des traitants islamisés les réseaux commerciaux avec les cités-Etats de la côte africaine, implantés à Majunga et, à l'apogée de leur puissance, contrôlant l'ensemble de l'Ouest malgache de Diégo-Suarez à Tuléar.

Le pouvoir : *fanjakaña* — ou bien le pouvoir d'autrefois : *fanjakaña taloha*. Une expression qui laisserait vite conclure l'observateur pressé à un affrontement entre une tradition dévolue à des lambeaux de groupes en voie d'extinction et une modernité complaisamment affirmée par les Sakalava eux-mêmes, dont le premier mouvement envers les rois peut confiner à la condescendance. A quoi renvoie pourtant cet « autrefois » ?

Présence des rois et des morts royaux

Février 1971 : une couturière créole parle d'un jugement infligé au fils, soupçonné de vol, du souverain Amada mort en 1968. On lui aurait fait boire de l'or *(volamena)*. Elle baisse la voix, comme le ferait une femme sakalava, sans grande tension apparente, mais en feignant de livrer un secret. Janvier 1972 : un ethnologue se présente à un sous-préfet, avec un ordre de mission le recommandant. Le sous-préfet délègue son adjoint, chargé de présenter l'ethnologue à la famille royale Bemihisatra : il appelle le chauffeur, ils montent sur l'injonction de l'adjoint sur la banquette arrière d'une voiture 403 noire. Un petit fanion aux couleurs de la République malgache crépite sur l'aile avant droite. Ils rencontrent à l'hôpital de Nosy Be le fils héritier d'Amada, Ahamady Andriantsoly. L'ethnologue, devant un groupe de femmes dont Ahamady forme le centre, explique le but de son travail d'histoire politique en français. Il finit son exposé par une expression sakalava : *anao bóka tompon'* (« mais de toute façon c'est toi qui es le maître »), à laquelle répond un léger sourire de l'interlocuteur. L'adjoint au sous-préfet éclate d'un petit rire qui sonne faux. Forte tension intérieure des interlocuteurs. L'ethno-

11

logue et l'adjoint réintègrent le cadre sécurisant de la voiture noire. Silence. L'ethnologue, qui veut profiter de la présence et des signes de l'autorité administrative qu'il considère nécessaires à son enquête, demande que l'on rende visite à un ancien dignitaire de la famille royale, récemment exclu, « le premier conseiller Mahamoudou » (*manantany* Mahamoudou). Sa maison fait le coin d'une ruelle du quartier d'Andavakotoko, en contrebas de l'hôpital. La voiture s'engage dans les passages étroits que dessinent sans discontinuer les maisons au toit de tôle ondulée, aux vérandas grillagées. Mahamoudou, noir, petit, râblé, la chemise ouverte sur un maillot de corps blanc, le pagne projeté en avant par l'embonpoint, le regard sévère. La voix explose plutôt qu'elle n'articule : *Ino moa dihanarô ?* (« Qu'est-ce que vous venez faire ici, vous autres ? »). L'ethnologue pense qu'à la place de l'adjoint il se sentirait légèrement agressé par l'attitude de Mahamoudou. Après avoir expédié la question du travail de l'ethnologue, ce dernier monte d'autorité dans la voiture noire : il va à la poste. Pendant tout le trajet, il parle avec véhémence à l'adjoint d'une réunion du conseil municipal d'Hellville. Il est lui-même conseiller municipal. Le chauffeur participe à la conversation. Mahamoudou descend. L'adjoint et le chauffeur échangent des plaisanteries. L'adjoint dit à l'ethnologue que c'est la première fois qu'il entre dans la demeure royale (*zomba*) : il semble soulagé.

Janvier 1971 : le village d'Ambatozavavy, sur la côte est de Nosy Be. A peine revenu de Tananarive, j'apprends la mort subite de la fille aînée d'Amada, Fatoma, héritière du pouvoir monarchique, qui m'est communiquée en ces termes : « Sais-tu que la *'panjaka* d'Andavakotoko a tourné le dos (*nihilaña*) ? Je vais à la rencontre d'un voisin, Jaosenga, qui a la réputation de connaître les choses du pouvoir (*rahampanjakaña*). » Peu au fait des signes nécessaires à la transmission d'informations relatives aux affaires des monarchies, je lui demande à peu près s'il sait que « Fatoma est morte ». Jaosenga travaille à la construction d'un poulailler, il est seul dans l'espace formant l'extrémité de l'enceinte résidentielle (*toko-tany*) où vit le groupe familial auquel il appartient. Il me regarde d'un air légèrement inquiet et, dans le même mouvement, me fait signe de me taire, d'un geste de la main qu'accompagne un raclement de gorge. Pour tempérer la soudaineté incongrue de la réaction, il reprend ma phrase d'une voix qui simultanément se contraint à la faiblesse et monte sa tessiture : [raclement de gorge]... « Ah, ha ! *Ny ampanjaka be efa* [raclement de gorge]... *nihilaña aby zegny ?* » (« Ah, ha ! La reine qui... vient de se " détourner " là ? »).

12

Février 1972 : j'interroge le conseiller Mahamoudou sur la procédure de destitution d'un souverain. Il la schématise : « Les " grands [1] " se réunissent en secret et disent : " Vraiment ce roi-là est trop fou. Il faut le sortir. " Ils vont au tombeau royal et demandent à l'intercesseur [2] de prévenir les morts royaux de ce qu'ils veulent faire. Il faut toujours demander aux morts royaux... [silence] Et évidemment, les morts ne parlent pas ! [rires] *(maty tsy raha mivolañ)* [3]. »

Le même mois : j'interroge Bako, un collatéral de l'actuel souverain, sur le réseau généalogique de la famille royale. Il dirige la conversation sur l'une des fondatrices de l'unité territoriale de la région de Nosy Be, Tsiomeko, connue pour avoir signé la cession de l'île à la France en 1840. Il en profite pour me faire part de l'attitude de la famille royale proche à son égard, qu'il considère comme injuste et agressive. Il cite comme cause de cette tension des faits remontant à 1970, année pendant laquelle Fatoma voulut vendre à la Compagnie sucrière de Nosy Be des terres sur lesquelles les communautés installées auprès des tombeaux royaux avaient établi des cultures. Il déclare s'être opposé à ce projet, parce que ces terres nourrissaient les gens établis près des tombeaux et que de toute façon elles n'appartenaient pas à Fatoma, mais à la reine Tsiomeko ensevelie au milieu d'elles. Après un silence, il ajoute que le secrétaire de la reine était mort peu après cette histoire : « C'était une sanction posthume *(tigny)* d'Andriamamalikiarivo [4] », dit-il.

Mai 1972 : après plusieurs jours d'émeutes à Tananarive où les forces républicaines de sécurité tirent dans la foule d'étudiants massée avenue de l'Indépendance, le pouvoir républicain change de mains. Dans le Nord, l'un des principaux bastions de l'ancien parti au pouvoir, le Parti social-démocrate, la détente est pourtant assez générale. Le premier conseiller Mahamoudou me fait part de son désir d'être élu député. A la radio, Ahamady Andriantsoly lance un

---

1. Traduction d'une expression sakalava, *ny maventy*, qui désigne simultanément les adultes et les porteurs du pouvoir traditionnel, à titre organique.
2. *Ampangataka* : dignitaire chargé de transmettre les requêtes faites aux morts royaux.
3. L'adjonction de *raha* entre la négation *tsy* et le verbe indique ou accentue une attitude sceptique.
4. Andriamamalikiarivo, « la reine qui fit revenir mille hommes », est le nom posthume *(fitahiana)* de la reine Tsiomeko, fondatrice de l'unité territoriale bemihisatra du Nord, qui céda en 1840 les territoires sous son contrôle à la France. Ce nom fait allusion à la fixation auprès d'elle de groupes sakalava dispersés à la suite de la guerre entre Sakalava et Merina des hautes terres centrales.

appel pour que les Sakalava qu'il contrôle votent pour le nouveau chef de l'Etat qui, malgré les pleins pouvoirs reçus de son prédécesseur, sollicite l'investiture populaire. Le général Gabriel Ramanantsoa est originaire des hauts plateaux de Madagascar, et beaucoup de ses collaborateurs directs sont d'origine merina, issus des mêmes familles qui tenaient le pouvoir dans les monarchies du XIXe siècle avant la colonisation française. L'affrontement côtes-plateaux étant un des stéréotypes présents à l'esprit de tous les commentateurs, et l'un des schémas idéologiques les plus manipulés, le thème politique dominant du gouvernement est l'unité nationale.

Décembre 1972 : je sollicite un haut personnage de la monarchie Bemihisatra sur la pertinence présente de l'opposition entre Merina et côtiers. Comme s'il apprenait une leçon, c'est avec une voix artificielle, que l'utilisation du français déforme, qu'il me déclare que les Merina, lors de la prise de la ville de Majunga par le roi Radama Ier en 1822, avaient tué toutes les femmes et les enfants sakalava. « Comment pourrions-nous nous entendre avec les Merina ? », conclut-il.

CARTE DE REFERENCE

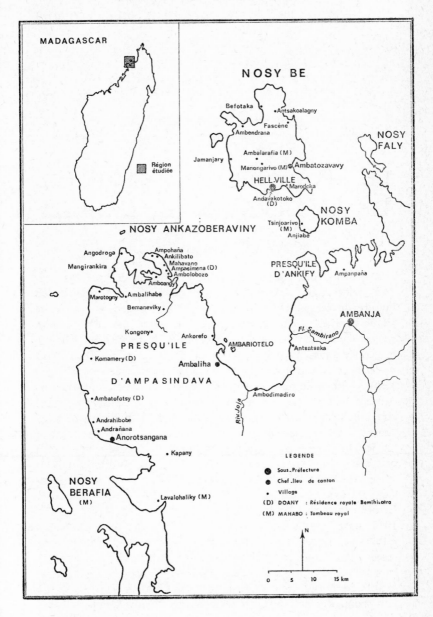

MADAGASCAR

Région
étudiée

NOSY BE

Befotaka
Antsakoalagny
Fascéne
Ambendrana
Ambalarafia (M)
Jamanjary
Manongarivo (M) Ambatozavavy
HELL-VILLE
Marodcka
Andavakotoko
(D)

NOSY
FALY

NOSY
KOMBA

Tsinjoarivo
(M)
Anjiabe

NOSY ANKAZOBERAVINY

Angodroga
Ampohaña
Ankilibato
Mangirankira
Mahavano
Ampasimena (D)
Ambolobozo
Amboangy
Ambalihabe
Marotogny
Bemaneviky
Kongony
Ankorefo
AMBARIOTELO
PRESQU'ILE
Komamery (D)
Ambaliha
D'AMPASINDAVA
Ambatofotsy (D)
Andrahibobe
Andrañana
Anorotsangana
Kapany

PRESQU'ILE
D'ANKIFY
Ampanpaña

AMBANJA
Fl. Sambirano
Antsatsaka

Ambodimadiro
Riv. Joja

NOSY
BERAFIA
(M)
Lavalohaliky (M)

LEGENDE
● Sous-Préfecture
● Chef-lieu de canton
• Village
(D) DOANY : Résidence royale Bemihisatra
(M) MAHABO : Tombeau royal

N

0   5   10   15 km

II

LE « POUVOIR » D'AUTREFOIS : DE LA DÉRISION AU DANGER

A quoi renvoie l' « autrefois » de l'expression désignant le pouvoir monarchique sakalava ? Tout d'abord à une catégorisation linéaire du temps. Dans son acception la plus générale, le terme *taloha* signifie : « dans une période où je n'étais pas né ». Dans la bouche d'un Sakalava adulte ou vieillissant, le terme peut désigner la période antérieure à la colonisation, décrite aussi par l'expression *ny fahagasy* (« l'époque malgache, le temps ou la durée malgaches »). Vécus pourtant de manière contemporaine, les faits monarchiques ne peuvent cependant, si l'on tente d'être fidèle aux démarches locales, être rejetés dans un « autrefois » que démentent diversement les situations vécues l'année 1972, relatées ci-dessus. Le *taloha* sakalava est ici dialectique, ambigu, contradictoire : il qualifie une petite organisation qui prend ses racines dans le temps historique, traverse la période de colonisation et de présence française, puis d'indépendance à laquelle, dans une de ses acceptions, il est censé s'opposer. La distinction serait claire, toutefois, si la République malgache de 1972 séparait entièrement son appareil des différentes monarchies établies sur la côte ouest de la Grande Ile. On serait alors en présence d'une structure moderne et d'une structure ancienne, dont l'opposition pourrait s'associer aux qualifiants temporels *taloha* (autrefois) / *vaovao* (nouveau, moderne), épousant ainsi les conceptions les plus spontanées de ceux, chez les habitants du Nord, qui entendent prendre des distances vis-à-vis des monarchies. Mais le paradoxe est double : car les plus éminents « porteurs » *(ampitondra)* du « pouvoir d'autrefois » ont tous joué un rôle dans les structures de pouvoir indirect mises sur pied par le colonisateur, ou dans l'Etat malgache créé par l'indépendance de 1960. Moins que d'un qualifiant rejetant, selon une perspective évolutionniste présente à l'état diffus chez tous les Européens affrontés aux sociétés africaines et exotiques, les organisations monarchiques du Nord dans l'archaïsme, il s'agit d'un concept temporel désignant le passé utilisé pour définir une situation présente. Quelle est l'image de la situation présente du « pouvoir d'autrefois » chez les habitants du Nord ? D'abord, la désaffection, le rejet chez l'homme du commun : « Ceux qui veulent les suivre les suivent. Ceux qui veulent seulement ! » Les interlocuteurs restituent à propos des monarchies l'époque de la colonisation comme époque de la contrainte, dont disposaient les souverains et leur entourage proche, fréquemment gratifiés de titres de gouverneurs ou sous-gouverneurs politiques, qui avaient notamment le pouvoir de proposer l'emprisonnement aux autorités coloniales [1]. Les monarchies se trouveraient ainsi reléguées à l'extérieur, en quelque sorte, des consciences des Sakalava du commun. La chute continue de leur capacité de mobilisation aurait pour cause l'impossibilité pour leurs représentants de contraindre les habitants du Nord à l'obéissance, au contraire de la République malgache. D'où le « pouvoir d'autrefois ». Pourtant, jamais cette attitude négative, qui même dans le cas de membres des appareils monarchiques peut confiner à l'amertume, ne vise l'ensemble des symboles et des rites par lesquels les monarchies établissent et différencient leur personnalité propre. Aucun n'a pris à la légère mes questions portant sur l'histoire, beaucoup m'ont renvoyé aux personnages de l'appareil Bemihisatra en donnant ainsi l'impression, vérifiée par la suite, qu'ils ne faisaient pas que se décharger de cette tâche sur les spécialistes, mais qu'ils commettraient une sorte de transgression diffuse en parlant à leur place. Présence des *morts royaux* : indifférents à la valse continue

---

1. Ce faisant, ils épousent les vues de la sociologie politique jusqu'à récemment. Cette dernière, de Talcott Parsons à Max Weber, définit les conditions de l'exercice du pouvoir en référence à « des sanctions négatives » ou à « la monopolisation de la force physique ». Ils se rendent ainsi fautifs des mêmes apories, car si l'exercice de la contrainte physique déterminait le pouvoir royal, par quoi était déterminé la possibilité pour le pouvoir d'utiliser la force ? Par le fait d'être pouvoir, répondrait-on. Sakalava et sociologues formulent ainsi les *conditions empiriques* de l'exercice du pouvoir, et non ce que Rousseau aurait appelé son « institution ».

des sous-préfets, hommes et femmes sakalava adultes sont intarissables sur la rhétorique qui s'attache à la personnalité de tel ou tel apparenté à la famille royale, à tel ou tel de ses actes. De quel jeu de miroirs est construit le scepticisme paradoxal du premier conseiller Mahamoudou ? « Les morts ne parlent pas » ; pourtant, Mahamoudou représente, au travers d'une institution centrale des monarchies, la possession, le plus célèbre de tous les morts royaux, Andriamisara. Sur quel socle intérieur aux hommes et aux femmes du Nord repose cette indéfinissable impression culturelle qui mêle la dérision et le *danger* lorsqu'on converse sur les monarchies actuelles ? Renverser la perspective. Au lieu d'expliquer la *disparition* relative d'une organisation qui ne correspondrait pas à des déterminations externes qu'une sociologie paresseuse mettrait vite en avant, notamment le « boom » économique subi par le Nord-Ouest malgache entre les années 1950 et 1965 environ, ne faut-il pas s'étonner de la permanence, disséminée, diffuse, « individuelle », d'un ensemble de croyances, de représentations, d'idées, coexistant avec la négation de l'organisation qui les porte et les incarne ? S'en étonner. Peut-être en rendre compte. L'expliquer serait peut-être déjà un but trop large, formulé dans des termes trop fonctionalistes. Les Sakalava du Nord-Ouest auraient-ils besoin des monarchies ? On voit en tout cas à quel embarras théorique renvoie leur scepticisme mitigé : des individus peuvent-ils vivre avec des idées sur les traits fondamentaux de la société et être déterminés par une organisation politique, l'Etat, distincte de celle à qui leurs idées et leurs croyances sont associées ? Ce serait toutefois poser une mauvaise question de se demander si les Sakalava du Nord ont le cœur monarchique et le corps étatique. Chez eux, l'Etat n'existe qu'à titre d'absent ou, ce qui revient au même, de catégorie extérieure, et la réalité de sa forme sociologique se confond avec le concret quotidien de l'activité de ses membres, l'écriture : « Il n'est rien qu'ils n'écrivent pas » *(tsisy raha tsy soratandre),* voilà essentiellement ce que pensent les Sakalava de l'Etat. Ils ne sont pas partagés entre l'Etat et les règles monarchiques ; seules ces dernières confèrent du plaisir au jeu social, les conversations s'animent alors, le ton des voix se musicalise : « On dit que l'enfant d'Ahamady... Sais-tu que Kavy... ? Les deux enfants que la mère du *'panjaka* a donnés à Marotogny... Ce gars-là, il aimait trop la force du pouvoir *(hasigny).* »

Une organisation politique subsiste : on verra qu'elle n'est encastrée dans les rapports de production qu'à titre tout à fait indirect ; elle ne collecte pas l'impôt et, si elle peut frapper les individus

18

d'amendes, n'a que de faibles moyens de les recouvrer ; elle ne joue aucun rôle infrastructurel fondamental dans la reproduction des groupes. Par soustraction, faut-il émettre l'hypothèse, d'un idéalisme outrancier, qu'elle n'existe qu'à l'intérieur des consciences et qu'elle détermine des pratiques ? Sans doute pas, si l'on admet d'une part qu'à toute organisation concrète sont associées des idées, qui selon les écoles sociologiques la masquent, la reflètent ou la constituent, d'autre part que les idées peuvent mourir dans un temps plus long que les organisations, par une sorte d'inertie propre que ne viendrait contrarier aucune contrainte objective. Nous voilà en somme confrontés à la question de la compatibilité des idées et des faits. A condition que cette dernière opposition soit admise. Elle pose d'avance un vainqueur et un vaincu : ou bien les Sakalava pensent contre les faits, et leurs idées sont, comme dirait Marx, dans « le domaine de la pensée pure » ; ou bien ils pensent juste, légitime est la dominance des faits monarchiques dans leur esprit, mais les faits sociaux objectifs dans lesquels ils s'enracinent et vivent ne produisent pas de contrainte. Les développements de la pensée sociologique notamment marxiste ont fait justice, trop radicale mais légitime, à la première hypothèse ; la deuxième est au centre de l'actuel courant de réflexion sur la notion d'idéologie et, au-delà, sur les interactions entre différents niveaux structuraux des sociétés, en dernière analyse sur l'affrontement fantomatique, la *séparation,* entre faits et idées.

III

DES ROIS DANGEREUX
MAIS NUS

Qui veut parler des monarchies sakalava actuelles est ainsi confronté à un double embarras. D'une part, les idées relatives à une micro-organisation politique sont présentes dans l'ensemble du système social ; et, d'autre part, la pensée de l'observateur échoue au premier abord à voir dans cette organisation le *rôle instrumental* que tout système de pouvoir est censé revêtir. L'idée dominante concernant les systèmes de pouvoir revient souvent, en effet, à en faire des techniques spécifiques de partage des ressources rares, techniques dont la maîtrise légitime ainsi le privilège même du pouvoir d'être pouvoir. Or, la forme prise par les monarchies lors de leur production historique postérieure à la colonisation, qui en bouleversa l'architecture en les dominant et les utilisant, montre qu'il n'en est rien, en tout cas sur un plan fondamental. La majorité des rois et des dignitaires bemihisatra furent utilisés à titre de fonctionnaires indigènes ; ils disposaient ainsi d'un pouvoir d'arbitrage, mais qu'on pourrait dire d'ordre conjoncturel : il s'agissait, dès la création de ce corps de fonction par le général Gallieni en 1896, de faire jouer à des hommes culturellement aptes des rôles (chef de canton, écrivain-interprète, sous-gouverneur ou gouverneur à titre politique) que des fonctionnaires de la métropole auraient pu tenir, quoique avec plus de difficulté. Déjà la composante nécessaire de la perpétuation des monarchies était d'ordre culturel et non social, structural : elle dépendait en dernière analyse de choix socio-économiques faits par une organisation dominante, extérieure. Puis, avec la disparition de ces fonctions dans les années intermédiaires entre la loi-cadre de 1956 et l'indépendance, les dignitaires et les nobles se retrouvaient maîtres d'un rôle qu'une sociologie impressionniste aurait pu appeler diffus ; ils disposaient toujours d'un pouvoir d'arbitrage, notamment en matière foncière, mais que la structure dominante de l'Etat ne leur conférait plus à titre officiel, institutionnel ; rôle qu'ils conservaient, encore une fois, non pas parce qu'ils étaient insérés dans l'Etat, mais justement parce qu'ils n'y étaient pas insérés et que les Sakalava préféraient s'adresser aux dignitaires qu'à l'Etat, et que ce dernier laissait faire. Ainsi, aucune relation nécessaire n'apparaissait entre le rôle instrumental et technique des monarchies et la réalité objective de leur existence en tant qu'organisation. En 1972, la petite monarchie bemihisatra n'apparaissait plus que comme un ensemble organisé d'individus partageant des croyances et des idées, et les activant dans une sorte de mouvement circulaire à la forme provoquée par l'absence apparente de prise sur la réalité économique et sociale du Nord-Ouest.

L'analyse d'une organisation dont la forme paraît essentiellement déterminée par des faits d'ordre idéal et non phénoménal [1] doit dès lors se fonder sur les courants de réflexion actuels sur la notion d'idéologie et donc, au-delà, sur une double question, qu'une partie de ces courants reflète : peut-on fonder une séparation entre superstructures et *praxis* ; et, si oui, quelles déterminations assujettissent ces deux niveaux structuraux des sociétés ?

---

1. Dans l'acception, susceptible d'ailleurs de révision comme on tentera de le montrer, employée par W. H. GOODENOUGH dans son introduction à *Explorations in Cultural Anthropology*, Mac Graw Hill, New York, 1964, p. 11-12.

IV

UN BALANCEMENT
THÉORIQUE

L'histoire de la pensée sociologique ressemble parfois au mouvement de ces balançoires collectives des fêtes foraines, où des groupes hurlant d'une frayeur mêlée du plaisir qu'elle provoque signalent aux badauds assemblés leur éloignement progressif de terre. Puis, bientôt, l'amplitude de la balançoire diminue, c'est dans la contrainte absolue, objective, d'une durée révolue, soulignée par la lourdeur des barres de suspension, que le groupe enjambe le rebord de la balançoire, retrouve la vie quotidienne. Puis un autre groupe monte et c'est le même plaisir, apparemment objectif, et pourtant toujours singulier, selon qu'il est ressenti ou observé.

Les matérialistes regardent les idéalistes se balancer et leur disent : « Votre plaisir n'est que l'écume d'une longue suite d'actes indépendants de lui ; il s'inscrit à l'intérieur d'une petite zone libre que dessine une somme de contraintes. Il a fallu forger la balançoire, tenir compte de la résistance des matériaux, du champ gravitationnel ; puis, pour fixer son prix afin que le forain l'achète, il a fallu tenir compte des lois du marché, largement déterminées par la contradiction entre valeur d'échange et valeur d'usage. Vous ne vous balancez qu'objectivement. »

Mais les idéalistes répondent, essoufflés : « Votre raisonnement vrai tient du sophisme. Cette balançoire n'est pas idéale, mais sur quelle activité de l'esprit repose la décision initiale de fabriquer une balançoire et non pas une machine-outil ? Il y a là une hiérarchie relative des choix qui sont déterminés par des valeurs culturelles ; et, de plus, des représentations et des idées sont intervenues au cours du procès de production de cette balançoire, et rien ne prouve que ces représentations et ces idées, provoquées par la décision initiale de fabriquer une balançoire, ne soient pas plus déterminantes pour sa production que les contraintes objectives. »

Il est impossible de retracer ici l'histoire de ce balancement, travail qui demanderait en soi tout un ouvrage. On voudrait toutefois tenter de résumer les principaux choix théoriques qui le constituent et leurs interrelations, dont dépend la validité de l'analyse de l'organisation politique sakalava.

V

ITINÉRAIRES

Jusqu'à récemment, l'emploi dominant du mot « idéologie » par l'école sociologique française offrait un caractère essentiellement *négatif*. Pris dans la nécessité de fonder la réflexion sociologique sur un ensemble de faits objectifs, à jamais marqués par la critique adressée par Marx aux jeunes hégéliens dans *L'Idéologie allemande*, les chercheurs en sciences sociales tendaient à une attitude que Charles Fourier aurait nommée cabaliste : éloigner de l'analyse les représentations que les acteurs sociaux ont de leurs actes et de la société qu'ils produisent, représentations considérées comme mensongères et comme masques de stratégies « réelles » reliées pour la plupart à un domaine séparé, l'économique, *deus ex machina* des sociétés. Ce rappel épistémologique sommaire des positions marxistes tendait à entraîner une sorte de mode d'emploi de la preuve et de l'explication. Alors que l'ensemble des positions de Marx et d'Engels ne revenait jamais qu'à établir et révéler l'importance *première*, au sens plein, des conditions de production et de reproduction des sociétés et de leur « base matérielle [1] », on finit en une sorte de glissement

---

1. Dans sa communication : « Une anthropologie économique est-elle possible ? » au colloque du Centre Royaumont pour une science de l'homme consacré à *L'Unité de l'homme*, M. Godelier cite la lettre suivante de F. Engels à J. Bloch, de septembre 1890 : « D'après la conception matérialiste de l'histoire, le facteur déterminant de l'histoire est, *en dernière instance*,

par assigner une toute-puissance mécanique au domaine mal défini de l'économique, les idéologies, représentations et schémas conceptuels étant rejetés dans le domaine méprisable des « superstructures », indigne d'analyse puisqu'on pouvait le réduire à une réalité qui l'englobait et le déterminait entièrement. Le schéma opposant infrastructure à superstructure tiré d'une sorte de collage de Marx finit par être confondu par beaucoup d'analystes avec la réalité sociale, dans une bévue intellectuelle sans doute pire que celle désormais classique en anthropologie, aux termes déjà passés de mode, consistant à confondre la réalité ethnographique et les modèles locaux [2]. L'une des apories principales de ces schémas mécanistes tenait à la place sociale même de ces producteurs : si l'idéologie tenait dans les sociétés néo-capitalistes une place dominante comme masque des intérêts de classe, par quel miracle fallait-il considérer les analyses des mensonges de l'idéologie comme extérieurs au débat [3] ?

Il fallut attendre la parution d'un ouvrage capital de Maurice Godelier, *Rationalité et irrationalité en économie* [4], pour entrevoir les questions théoriques que soulevaient les positions classiques concernant l'économique et donc l'idéologique. On commençait à entrevoir qu'à force de renverser Hegel les personnages que Marx auraient appelés des « matérialistes vulgaires » ne faisaient que retourner une opposition binaire séparant idées et réalité sociale, et qu'à leur insu ils agissaient de manière analogue à des producteurs de mythes, construits sur des oppositions fondamentales dont les contenus importent peu. Le livre de Godelier montrait le caractère ethnocentrique des schémas de détermination mécanique par l'économique des phénomènes sociaux et culturels, puisqu'il introduisait les analyses d'une discipline développée depuis lors, l'anthropologie économique, et montrait que, dans les sociétés non industrielles ou exotiques, un niveau d'ordre économique ne se laissait pas aisément séparer d'un certain nombre d'autres niveaux structuraux et notam-

la production et la reproduction de la vie réelle. Ni Marx ni moi n'avons jamais affirmé davantage. Si ensuite quelqu'un torture cette proposition pour lui faire dire que le facteur économique est le seul déterminant, il le transforme en une phrase vide, abstraite, absurde » (*L'Unité de l'homme*, Le Seuil, Paris, 1974).

2. Voir E. R. LEACH, *Critique de l'anthropologie*, P.U.F., Paris, 1968 ; *Les Systèmes politiques des hautes terres de Birmanie*, Maspero, Paris, 1972, et la postface de J. Pouillon.

3. Se reporter au remarquable article de C. LEFORT, « Esquisse d'une genèse de l'idéologie dans les sociétés modernes », *Textures*, vol. 8-9, 1974.

4. M. GODELIER, *Rationalité et irrationalité en économie*, Maspero, Paris, 1966.

ment de la parenté, fonctionnant « comme infrastructure » en ce qu'elle était déterminante dans les règles de distribution des biens. Il préconisait ainsi une analyse « multifonctionnelle » des sociétés non industrielles et questionnait ainsi les modes d'analyse classique.

La même année paraissait un livre aux positions résolument idéalistes, *Homo hierarchicus,* de Louis Dumont [5]. Dumont montrait que, pour rendre compte du phénomène de hiérarchie dans le système des castes indiennes, il fallait donner une place centrale au système d'idées et de valeurs et à l'opposition entre le « pur » et l' « impur », parce que les rapports politico-économiques que modelait le système des castes n'étaient assujettis à la hiérarchie que par la médiation de cette opposition. Sans rejeter — ce qu'on ignore trop à propos de ce livre — une éventuelle dominance de faits que les matérialistes avoués auraient rangés dans la rubrique « infrastructure [6] », Dumont montrait le caractère premier, nécessaire, de faits d'ordre idéal dans le visage pris par une organisation sociale et, en dernière analyse, le caractère *cohérent et totalisant* de l'idéologie indienne. Ce qu'apportait le livre de Dumont, c'était la certitude au moins apparente que le système des castes indiennes n'avait de réalité objective que *parce qu'*il était pensé. On se trouvait alors devant une attitude théorique qui frisait le symétrique du matérialisme « brut » : les idées sur des formes sociales fondamentales définissaient les rapports sociaux réels. Dans le cours de l'ouvrage, Dumont apportait notamment, en opposition aux conceptions de l'idéologie séparatrice d'ensembles sociaux, la notion d'idéologie globale : des ensembles sociaux, fussent-ils structuralement opposés telles des classes sociales, ont besoin d'un langage commun ne serait-ce que pour exprimer leur opposition [7]. La composante commune des deux démarches,

---

5. *Homo hierarchicus. Essai sur le système des castes,* Gallimard, Paris, 1966.
6. « Mais l'idéologie n'est pas tout. Le fait est que l'observation d'un ensemble local quelconque montre une vie sociale qui, si elle est orientée de façon décisive par l'idéologie, la déborde en même temps largement [...]. S'il reflétait complètement et seulement le donné, le système des idées et des valeurs cesserait d'orienter l'action, il cesserait d'être lui-même. Dans notre cas, dans tout ensemble concret nous trouverons à l'œuvre le principe formel, mais nous trouvons aussi quelque chose d'autre, une matière première qu'il ordonne et englobe logiquement mais dont il ne rend pas raison immédiatement en tout cas et pour nous » (*ibid.,* p. 56-57).
7. « Il est évident qu'il y a une idéologie fondamentale, une sorte d'idéologie mère liée au langage commun et donc au groupe linguistique et à la société globale [...]. Le sociologue a besoin d'un terme pour désigner l'idéologie globale et il ne peut s'incliner devant l'usage spécial qui limite l'idéo-

matérialiste « vulgaire » ou dialectique et structurale et idéaliste, consistait dans leur déterminisme relatif : il s'agissait d'*expliquer* la nature des systèmes sociaux moins que d'en rendre compte, bien que Dumont ait été confronté à la notion d'idéologie parce que, adoptant un point de vue nominaliste — expliquer la hiérarchie indienne —, il était au premier chef confronté à une démarche contraire à l'idéologie globale des sociétés européennes, qui « font obligation à chacun d'être libre » selon le mot de Durkheim.

Aux Etats-Unis, une longue tradition portait attention aux « valeurs » *(values)* et aux représentations culturelles. Moins soucieuse d'explication globale, la lignée issue de Kroeber et Kluckhohn et se prolongeant dès les années 1965-1970 dans les courants de l' « ethnoscience » portait attention aux catégories locales par référence à des soucis méthodologiques [8]. Influencés par l'image de la linguistique, beaucoup de chercheurs américains insistaient sur le fait que beaucoup de matériaux obtenus par les anthropologues contenaient des *contraintes sémantiques* dues à des structures spécifiques, trop souvent masquées dans la littérature. Ces contraintes sémantiques révélaient des systèmes de pensée et de catégorisation qui formaient l'image première, cohérente, d'une réalité sociale dont seules l'articulation, les liaisons logiques devaient retenir l'attention de l'observateur. D'où la séparation entre un « ordre phénoménal » des cultures, statistique, objectif, extérieur à la conscience et à la subjectivité des acteurs, et un ordre « idéel » ou « idéal » constitué de leurs « idées, croyances, valeurs [9] ». Dans le même temps, les domaines de l'étude du changement social et la constitution de l'anthropologie politique dialectisaient le débat. Car, ainsi que Clifford Geertz le montra pour l'Indonésie, le changement social, fût-il situé au niveau le plus profond et le plus apparemment objectif et matériel, est nécessairement accompagné par ce qu'on pourrait nommer de nouvelles « visées », ou de nouveaux « projets » culturels,

---

logie aux classes sociales et lui donne un sens purement négatif, jetant ainsi à des fins partisanes le discrédit sur les idées ou " représentations " en général » (*ibid.*, p. 15).

8. Voir A.L. KROEBER et C. KLUCKHOHN, *Culture : a critical Review of Concepts and Definitions*, Vintage Books, New York, 1963 ; A. L. KROEBER et T. PARSONS, « The Concepts of Culture and Social System », *American Sociological Review*, vol. 24, 1959, p. 246-250 ; D.M. SCHNEIDER, *The American Kinship*, Englewoods Cliffs, N.J., Prentice Hall, 1968.

9. W. H. GOODENOUGH, introduction à *Explorations in Cultural Anthropology*, *op. cit.*

qui retentissent *à leur tour* sur la base matérielle des sociétés [10]. Apparition d'un personnage redoutable : la diachronie. C'est au travers d'elle que les nouveaux courants de l'anthropologie politique aux Etats-Unis notamment développaient une analyse basée sur l'aspect séquentiel *(processual)* des phénomènes sociaux [11]. Dans le développement de processus socio-politiques, notamment conflictuels, apparaissaient des successions de choix, des stratégies reposant sur des visions hiérarchisées des fins de l'action sociale ; le concept de *légitimité* reprenait corps, enraciné lui aussi dans l'ensemble des catégories de pensée locales, et étendu en dernière analyse à l'ensemble des ordres sociaux par le moyen du concept d' « attente » *(expectation)*, c'est-à-dire par les définitions concernant le bien-fondé des actes sociaux produites par les acteurs eux-mêmes [12]. Mais qui dit stratégie, évaluation, attente, dit choix : et donc représentation des possibilités culturelles d'action. Ce serait sans doute faire preuve de légèreté que de voir une coïncidence dans le développement d'une anthropologie sociale attentive aux *marges de liberté* des cultures parallèle à un courant « dynamiste » de l'anthropologie politique. Le développement des travaux sur les sociétés indifférenciées, les concepts maladroits et impressionnistes, mais chargés de nouveauté, concernant les systèmes sociaux à « structure lâche » *(loosely structured)* montraient dans les domaines sociaux qui les concernaient qu'au cours des processus pratiques des représentations relayaient et soutenaient les niveaux « phénoménaux [13] ». Jusqu'à maintenant, une idée théorique s'impose : celle de la nécessité de l'examen du caractère plus ou moins étroit des déterminations premières des cultures et, corrélativement, des marges de liberté ainsi dévolues à leur fonc-

---

10. C. GEERTZ, *The Social History of an Indonesian Town*, M.I.T. Press, Cambridge, Mass., 1965 ; « Ideology as a Cultural System », in D. Apter ed., *Ideology and Discontent*, The Free Press of Glencoe, New York, 1964.
11. Cf. M. J. SWARTZ, V. W. TURNER et A. TUDEN, *Political Anthropology*, Aldine Publishing Company, Chicago, 1968, particulièrement l'introduction appuyée sur les travaux de T. Parsons.
12. Tous les travaux cités ci-dessus emploient à titre plus ou moins central cette notion. La notion d'*idéologie* est également définie par M. B. BLACK et D. METZGER à partir d'elle, dans leur contribution, « Ethnographic Description and the Study of Law », à S. A. TYLER, *Cognitive Anthropology*, Holt Rinehart and Winston, New York, 1969 : « The more or less codified structures that order people's expectation of their own and other's cultural roles and behavior » (p. 139).
13. Par exemple M. J. MEGGITT, *The Lineage System of the Mae-Enga of New Guinea*, Oliver and Boyd, Edinburgh, 1965 ; H. D. EVERS, *Loosely Structured Social Systems : Thailand in Comparative Perspective*, Yale University, New Haven, 1969.

tionnement. Double mouvement donc que celui utilisant la notion d'idéologie : d'une part, un mouvement d'explication *global* tendant à rendre compte des formes prises par un système social ; d'autre part, un mouvement plus empiriste peut-être, plaçant l'accent sur des phénomènes de choix par rapport à des cadres culturels présupposés. Double mouvement qui recouvre la coexistence et les interrelations de la synchronie et de la diachronie dans tout système social : la synchronie, la forme prise par les organisations sociales et politiques à l'extérieur des conjonctures de l'histoire et du changement, leur « encastrement » relatif dans les conditions objectives et la base matérielle de leur existence ; la diachronie, dans leur mouvement interne et sa cohérence. Double mouvement qui est au cœur des monarchies sakalava, dont on ne peut rendre compte sans référence aux conjonctures historiques qu'elles rencontrèrent : la conquête coloniale française de 1895-1900, les réarrangements structuraux qu'elle détermina en elles, ni sans connaître la structure de leur hiérarchie et de leur stratification, préexistantes ou extérieures, si l'on veut, à leur histoire.

VI

LA MONARCHIE BEMIHISATRA : DES ORDRES SOCIAUX AUX TERRITOIRES, DES TERRITOIRES AUX STATUTS

Depuis *Homo hierarchicus,* l'analyse des systèmes politiques s'est enrichie des discussions portant sur le pouvoir en Inde, sur le degré de son assujettissement à la structure des castes, au territoire et, dans la mesure de son autonomie relative par rapport à ces notions, à sa détermination par la hiérarchie des statuts. L'ensemble des systèmes sociaux malgaches demande le même type d'attention. La petite monarchie qui fait l'objet de ce texte, et au-delà d'elle l'ensemble de la culture sakalava du Nord, en y incluant les conceptions relatives aux monarchies en général, présente un double visage : une hiérarchie sociale en « ordres » nommés, et une hiérarchie de fonctions politiques qui apparaît sur elle comme le premier plan d'une aquarelle ressortant sur le flou de masses indécises et sans qui, pourtant, elle n'existerait pas. La hiérarchie sociale : par ces termes, il faut entendre les catégories qui divisent l'ensemble des individus sakalava selon des statuts obtenus par hérédité. Cette hiérarchie est directement issue des structures sociales anciennes. De ce fait, on peut la considérer comme une donnée élémentaire de la vie sociale du Nord-Ouest malgache, sans pour autant que les individus qu'elle qualifie « activent » la personnalité sociale qui leur est ainsi transmise. Actuellement, ces catégories opposent les nobles *(ampanjaka)* aux roturiers *(vohitry),* à qui sont assimilés les anciens esclaves *(andevo)* du fait de l'abolition de l'esclavage et de l'exogamie entre les ordres sociaux qui s'ensuivit.

Chacun des ordres sociaux est constitué de la juxtaposition de groupes de descendance et/ou de résidence, nommés *tariky*, à forte idéologie agnatique chez les roturiers, et transmettant le statut de manière absolument indifférenciée chez les nobles. Dans le cas roturier, les *tariky* sont recoupés par l'appartenance à des catégories claniques *(firazañana)* qui sont directement relatives au statut politique.

Sur cette hiérarchie sociale se superpose une hiérarchie politique qui lui est liée par la médiation de la territorialité. Chaque monarchie sakalava a un souverain, *ampanjaka be,* qui s'oppose aux autres membres du groupe de descendance royale qu'on nomme *jado* ou *jado ny ampanjaka.* Il représente l'ensemble du groupe royal qui lui délègue l'ensemble de ses capacités de commandement. L'ordre roturier est représenté dans la capitale royale *(doany),* demeure du souverain vivant, par deux conseillers, le *manantany* et le *fahatelo,* qui assurent l'essentiel des décisions générales et de la gestion des biens royaux, notamment des terres. A eux s'associent des conseillers nommés héréditairement *(rañitry),* ou plébiscités par le souverain pour leur savoir social *(rañaby).* L'ensemble de ces conseillers roturiers constitue le collège électif du souverain de même que du *manantany.* Lors de la résidence royale, la monarchie est représentée par des conseillers territoriaux également nommés *rañitry* ou *rañaby.* Aux tombeaux royaux *(mahabo)* de chaque unité territoriale monarchique est associée une même hiérarchie politique de dignitaires, compliquée de charges religieuses qui n'entrent pas dans notre propos. Leur action principale est le contrôle des possédés royaux *(saha).* L'ensemble de cette hiérarchie est théoriquement sous les ordres des conseillers de la résidence royale.

HIÉRARCHIE SOCIALE	HIÉRARCHIE POLITIQUE	RÉSIDENCE
Nobles (*Ampanjaka*)	souverain	capitale royale (*doany*)
Roturiers (*Vohitry*)	*manantany* *fahatelo* *Ranitry Ranaby*	
	conseillers territoriaux	dispersés dans le territoire
Esclaves royaux (*Sambiarivo*)	dignitaires rituels	tombeaux royaux

31

Peut-on, par une démarche réductrice, trouver dans les faits relatifs aux relations de parenté sakalava, formant apparemment la trame première de l'ensemble des relations sociales, des éléments susceptibles d'être considérés comme « infrastructurels » et donc déterminant d'autres niveaux sociaux qui leur seraient extérieurs ? Anticipant quelque peu sur ce qui suit, on peut d'ores et déjà poser le problème dans les termes suivants : l'affiliation à des groupes de parenté n'est accompagnée de droits politiques que par le moyen d'une appartenance à des groupes locaux. Or, les groupes locaux ne sont porteurs de statut que par leur intégration dans la structure résidentielle de la hiérarchie politique. L'ordre politique intervient, en outre, d'une autre manière : l'idéologie et la pratique sociopolitique sont distinctes, voire opposées, selon que les groupes de parenté étudiés sont nobles ou roturiers. Si l'on veut refuser la tautologie fonctionaliste consistant à dire que la hiérarchie sociale modèle ou appuie la hiérarchie politique, ce qui inclut la réponse dans la question posée, il s'agit dès lors de voir dans des relations sociales élémentaires, constituantes de la hiérarchie sociale, des relations considérées par les Sakalava eux-mêmes comme relatives au politique.

A. La notion de « firazanana » :
les conceptions noble et roturière

La notion de *firazañana,* ou celle de *karazañana* qui lui est presque synonyme, est en rapport étroit avec la manière dont les Sakalava, et particulièrement les Sakalava roturiers *(vohitry),* se représentent l'institution des règles monarchiques. D'emblée, un Sakalava appartenant à un *firazañana* donné sait quels sont les liens qui le relient aux faits monarchiques, et particulièrement à ces événements totaux que sont les grands enterrements d'aristocrates ; soit qu'il y participe du fait de son affiliation politique, soit au contraire, comme me disait Tambôho, le vieux Zafindramahavita d'Ampohaña, qu'il n'y participe pas « parce qu'il n'est pas quelqu'un dans le cadre » *(añatin'cadre),* en utilisant ce néologisme provenant du vocabulaire administratif.

Dans la pensée sakalava de l'apparition du système monarchique, souvent associée à Dieu lui-même, les *firazañana* sont conçus comme des catégories de personnes ordonnées par les rois. C'est ce qu'expliquait en 1970 le conseiller d'un aristocrate de petit statut, Jaosenga, dans le village d'Ambatozavavy :

« Les *firazañana* viennent des rois, sont unis à eux *(miaraka amindrô)*. Les rois, ce sont des gens saints *(masigny)* que Dieu a installés sur la terre. Les *firazañana* s'appuient *(mihankiny)* sur les rois, par l'intermédiaire *(momba)* de l'interdiction *(ny fifadiaña)*. Tu vois, certains vont à l'église, certains vont dans les tombeaux royaux. Eh bien, c'est Dieu qui a fait cela. »

Cette première acception qui établit une relation entre la notion de *firazañana* et « les rois » se sert de la notion d'interdiction qui confond deux types de faits. D'une part, la notion d'interdits *(fady)*, notamment d'interdits alimentaires qui sont en relation étroite avec l'affiliation aux *firazañana*, mais également l'ensemble d'interdictions par lesquelles les règles politico-rituelles sont exprimées et respectées. C'est sur cette dernière acception qu'insiste ensuite Jaosenga, commentant l'adage sakalava selon lequel « des *firazañana*, les gens en ont huit d'un côté, huit de l'autre » *(valo agnila, valo agnila* [1]*)* :

Question : « Huit d'un côté, huit de l'autre, est-ce que ça a un rapport avec le mariage, ça ? »

Réponse : « Non, enfin, huit d'un côté, huit de l'autre, ça n'a pas de rapport avec le mariage, mais avec ce qu'on porte avec soi *(ny fitondrasaña* [2]*)*. Cette responsabilité-là [3], c'est comme ça : un interdit du jeudi, un interdit du vendredi. Par exemple, celui qui suit l'interdit du vendredi dit : " Allons-y, faisons notre travail aujourd'hui. — Je ne suis pas d'accord, dit celui pour qui ce jour-là est un jour interdit. Je n'y vais pas. " Voilà ce que ça veut dire, huit d'un côté, huit de l'autre. »

On trouve à nouveau l'association entre l'aspect de classification ou de catégorisation lié à la notion et les interdits d'ordre rituel ou religieux qui la relient au système monarchique.

L'interdiction de travailler certains jours est, en effet, un des critères de définition entre les différents groupes nobles et les roturiers qui leur sont affiliés. Ce caractère *classificatoire* de la notion de *firazañana* est nettement mis en évidence par l'emploi du terme

---

1. C'est-à-dire du côté paternel et du côté maternel.
2. *Fitondrasaña* signifie littéralement : « action de porter ou d'emporter ». C'est un terme qui est souvent employé par les Sakalava en ce qui concerne les prérogatives et devoirs du pouvoir.
3. Responsabilité traduit ici *fitondrasaña* à nouveau employé.

2

au sens de « catégorie » ou « espèce, variété ». Dans cette acception, le terme *karazaña* est surtout employé. Cette assimilation entre catégorie politique et catégorie au sens large a déjà été remarquée en ce qui concerne l'Inde par L. Dumont[4] ; elle montre le caractère totalisant des organisations monarchiques.

La deuxième acception du terme *firazañana*, incluse dans la première, est une conception liée directement cette fois à la parenté. *Firazañana* est formé sur *razaña* (ascendant mort, ancêtre). Les gens appartenant à un même *firazañana (olo firazañana araiky)* sont considérés comme descendant par des relations consanguines d'un même ancêtre. On retrouve ici une notion désormais très classique en anthropologie, celle de clan, offrant un champ à la fois plus large et plus flou que le « clan » des *Notes and Queries in Anthropology* inspiré de la conception strictement unilinéaire de A. R. Radcliffe-Brown[5].

D'une part, en effet, si les groupes très *dispersés territorialement* que sont les *firazañana* sont d'abord définis par rapport à l'appareil monarchique, et singulièrement par référence aux prestations rituelles dont certaines de ces catégories sont redevables vis-à-vis des rois, la conscience d'une appartenance et les conduites qu'elle implique sont différentes selon le degré de liaison avec l'appareil monarchique. L'ensemble des informateurs différencie ainsi quatre à cinq catégories politiques, celles qui interviennent au moment des cérémonies funéraires aux tombeaux royaux et dans l'ensemble des cérémonies liées au cycle de développement du groupe royal, et des clans en beaucoup plus grand nombre mais dont le rapport à l'appareil est peu fixé, voire absent. C'est ce que souligne l'expression sakalava qui décrit une partie de l'organisation des événements royaux : « chercher des catégories de personnes » *(mitady razañ'olo)* — *razaña* (ancêtre, ascendant mort) étant pris comme métonymie de *firazañana*. Ces groupes en question, liés étroitement à l'appareil royal et à son ordre rituel, sont les Sakalava Mañoroomby, les Jingo, les Antankoala, les Manañadabo et les esclaves royaux (Sambiarivo). Les autres catégories sont considérées comme n'étant pas en possession d'un « travail de pouvoir » *(asam-panjakaña)*. On est ici en présence d'une

---

4. L. DUMONT, *op. cit.,* p. 63.
5. Pour une discussion de la définition classique du terme en référence au concept de « groupe organique » *(corporate group)*, voir H. W. SCHEFFLER, 1966. Voir également l'ensemble des travaux récents sur les organisations de Nouvelle-Guinée et l'école des « structures sociales flexibles » *(loosely structured social structures).*

autre acception du terme, qui associe l'appartenance à une catégorie politique au *recrutement* par l'appareil monarchique de responsables rituels, à qui il délègue sa responsabilité rituelle et religieuse vis-à-vis des ancêtres royaux. On est ainsi conduit à une première réduction, montrant que l'appartenance à un *firazañana* n'implique pas nécessairement de devoirs *permanents,* et supposant donc que des critères de sélection soient introduits.

Pour les Sakalava, si l'appartenance et le fait de se réclamer de cette appartenance correspondent à un certain nombre de faits culturels, tels que les relations de parenté à plaisanterie et d'alliance *(lohateny),* l'appartenance à une catégorie clanique peut être ou non « emportée avec soi » *(mitondra).* Les Sakalava considèrent en effet que tout individu « reçoit » *(mahazo)* de l'ensemble des ascendants directs dont il se souvient toutes leurs appartenances claniques, d'autant plus nombreuses que les catégories politiques sont exogames. Cet ensemble d'individus étant en relation généalogique avec un individu qui leur est commun est une parentèle bilatérale, groupement « non restreint » *(unrestricted,* dans le vocabulaire de W. H. Goodenough [6]) qui ne peut donc fournir des critères d'affiliation suffisants. Ainsi, quelle que soit l'idéologie de descendance sakalava, il est nécessaire sur le plan de la transmission des catégories politiques que des spécifications résidentielles permettent aux individus de restreindre le champ de leurs affiliations. Par le biais de cette spécification résidentielle, les individus acquièrent une *appartenance clanique dominante* déterminée par leur éducation sociale et politique et leurs interactions au sein d'un groupe résidentiel localisé, à dominante patrilocale dans le cas des roturiers du commun.

La notion de *firazañana* actuelle est ainsi associée à la réalité de groupements résidentiels dont les membres partagent une appartenance commune, ainsi qu'avec d'autres personnes établies ailleurs avec qui des relations généalogiques précises ne peuvent pas nécessairement être établies. Il convient donc de discuter la manière selon laquelle les appartenances à des catégories politiques sont non seulement transmises par le biais de la consanguinité, mais également *activées* ; des conditions sociologiques liées en grande partie aux règles de l'inceste et de l'exogamie montrent en effet que tout individu peut chez les Sakalava du Nord se prévaloir d'un grand nombre

---

6. W. H. GOODENOUGH, « Kindred and Hamlet in Lakalai, New Britain », *Ethnology,* vol. 1, n° 1, 1962, p. 5-12 ; et J. D. FREEMAN, « On the Concept of the Kindred », *The Journal of the Royal Anthropological Institute,* vol. 91, n° 2, 1961, p. 192-220.

d'affiliations, sans pour autant qu'il agisse effectivement comme membre d'une des catégories correspondantes. Cette discussion nous permettra de passer à l'examen des groupements réels et de leurs relations aux catégories de parenté.

B. *L'appartenance aux « firazañana »*
et sa transmission

Les conceptions sakalava actuelles relatives à l'inceste sont rigoureuses ; le rang des consanguins considérés comme interdits est extrêmement large et s'étend théoriquement aussi loin que la mémoire généalogique elle-même. Cette conception s'applique également en théorie aux personnes se réclamant d'un même *firazañana,* dans la mesure où cette même appartenance recouvre nécessairement des relations généalogiques de consanguinité. Dans la théorie locale, les groupements claniques sont donc exogames ; en fait, l'union de personnes appartenant à une même catégorie n'est pas considérée avec la même réprobation que l'union de collatéraux proches, cousins germains ou cousins au premier ou deuxième degré. Certains informateurs déclarent même, comme Jaotogny, l'actuel premier conseiller Bemihisatra de la Grande Terre, que « si l'on ne se cache pas et si l'on fait une prière (*joro*), si l'on accomplit la coutume sakalava, des gens de même catégorie peuvent se marier ». Kabaro, un membre des groupes sakalava Mañoroomby, et ancien époux, très écouté, d'une possédée de la reine Safy Mizongo, s'étonnait même que je lui pose la question, à propos de ses deux ascendants cousins croisés et qui s'étaient mariés ; un membre de la même catégorie politique, Tolyzara, résidant à Ankilibato, pensait au contraire que, bien que ce soit une chose possible, l'union à l'intérieur d'un même *firazañana* n'était pas une bonne chose « car l'enfant qui naissait de l'union était embarrassé au milieu de ses deux parents » (*mijialy tsaiky agnivon'io*). Lehilahy, le vieux conseiller Antandrano de Mahavaño, me disait même que le mariage entre cousins parallèles patrilatéraux (fils de deux frères) « était le fin du fin » (*farany tsara*) en matière d'union, mais modérait soudainement son enthousiasme par un « mais on ne peut pas » (*fa tsy mety*) désabusé. Pour le grand intercesseur actuel, Michel, responsable de la sanction et de la réparation des fautes aux règles monarchiques, et donc particulièrement compétent en la matière, les deux attitudes monarchiques, péjorative et d'approbation, coexistent. Je cite ici un passage de notre conversation :

Question : « Alors, pour les gens qui suivent encore la coutume des rois, c'est une bonne chose de se marier dans une même catégorie ? »

Réponse : « Oui, c'est vrai. Enfin pour nous, les Sakalava Mañoroomby, de mon côté je n'ai pas vraiment entendu des paroles comme ça ; c'est comme ça, deux personnes qui sont parentes proches *(havaña)* qui veulent se marier, c'est interdit, mais par exemple deux personnes qui se marient en remontant à l'ancêtre fondateur *(razambe)* profondément là-bas *(laligny agny)*, c'est une bonne chose, on peut le faire. Comme par exemple les Zafindramahavita dont on parlait à Ampasimena, par exemple je ne suis pas marié et je prends une femme, je peux prendre une femme chez eux, parce qu'on n'est pas tout à fait des gens de même ventre *(kibo araiky)*. On est plutôt des gens de même ancêtre comme ça [7]. On peut le faire ça, c'est une bonne coutume, mais depuis peu maintenant ça n'existe plus. Tu sais ce que c'est, la coutume des gens maintenant : les Sakalava de catégorie différente cherchent à s'entremarier. Peut-être les gens d'autrefois faisaient-ils comme ça parce qu'ils avaient des interdits, ils n'aimaient pas que les gens aillent de-ci, de-là [...] Mais à présent, ça n'existe plus [...] Autrefois, c'est vrai, il y avait des règles. Pour les Sakalava, je n'ai pas trop entendu parler de ça. Par exemple j'ai des enfants ; ma sœur a des enfants ; nos deux enfants peuvent se marier, comme ça. Chez les Makoa c'était comme ça, chez les Antemoro c'était comme ça ; mais pour les Sakalava, ça n'existe pas, parce que les Sakalava ont peur de l'inceste ; vraiment, ils ont peur de l'inceste. »

Q. : « Oui, c'est vrai, mais excuse-moi, tout le monde le sait ça, les rois ont souvent épousé des parents. »

R. : « Oui, ils ont pris souvent des parents comme nous avons fait nous-mêmes autrefois, nous avons pris des parents, comme moi qui suis Sakalava, nous étions des rois, mais on avait trop d'idées mauvaises, notre pouvoir était mauvais ; les femmes qui étaient enceintes, on leur ouvrait le ventre pour voir l'enfant là-dedans, on

---

7. Michel Tsimibiry fait allusion à une parenté mythique entre les Zafindramahavita et les Mañoroomby, les uns dits « fils des hommes » et les autres considérés comme « fils des femmes ». On reviendra sur cette importante distinction.

les mettait dans un village, on les attachait à un arbre et on les frappait, il n'y a rien qu'on n'ait pas fait, alors on a supprimé ça vraiment. »

On peut nettement remarquer dans les propos du grand intercesseur des Bemihisatra la double attitude évoquée. Il associe au caractère « mauvais » de l'ancien pouvoir des Mañoroomby les pratiques d'endogamie de catégorie politique ; quelques lignes plus loin, cependant, il affirme que c'est une « bonne coutume ». Cette contradiction résume l'ensemble des attitudes sakalava relatives à l'union matrimoniale et aux *firazañana* ; d'une part, en effet, les unions endogames permettent de conserver le statut qu'accompagne l'appartenance à un *firazañana* éminent et empêchent, comme le dit Tsimibiry, que les enfants « aillent de-ci, de-là » se marier ; sous une autre optique, l'union entre personnes de même catégorie est plus ou moins assimilée à une union entre collatéraux consanguins, susceptible d'attirer sur les époux et leurs groupes familiaux des sanctions temporelles ou surnaturelles *(tigny)*. Pour les roturiers, la norme d'exogamie l'emporte largement, ainsi que le montre le tableau statistique ci-dessous :

		Unions « endog. »	Unions « exog. »	%	Total	% Total
G + 3 nés entre 1880	H	1	3	25	10	10
et 1900	F	0	6	0		
G + 2 nés entre 1900	H	2	27	6	61	3
et 1920	F	0	34	0		
G + 1 nés entre 1920	H	0	62	0	112	0
et 1940	F	0	50	0		
G 0 nés entre 1940	H	0	131	0	276	0
et 1960	F	0	145	0		

Référence : groupes Zafindramahavita, roturiers de haut statut des villages d'Ampohane, Ambalihabe et Ampasimena.

La référence choisie s'explique par le fait que les groupes roturiers de haut statut tels que les Zafindramahavita, étroitement liés à l'appareil monarchique, ont des tendances plus affirmées que les autres catégories à faire prévaloir l'union endogame, au moins dans la théorie. C'est également le cas des Sakalava Mañoroomby, dont les groupes présentent cependant un nombre très faible d'unions endogames. Sur le plan des chiffres, le tableau n'a retenu que les unions socialement reconnues — par des prestations matrimoniales ou l'accueil au sein d'un groupe de résidence du conjoint choisi.

I. LA TRANSMISSION DES APPARTENANCES CLANIQUES : L'IDÉOLOGIE ET LA PRATIQUE DES ROTURIERS (« VOHITRY »)

Le problème posé par les unions exogames tient au choix fait par les descendants de l'union, selon qu'ils se rattachent à l'appartenance dont se réclame leur père ou leur mère. C'est ce qu'explique Jaosenga :

Question : « Bon, et par exemple je ne peux pas prendre de catégories du côté de mon père, alors j'en prends du côté de ma mère ; est-ce que j'ai le droit ? »
Réponse : « Oui, c'est justement ce que font les enfants qui ne sont pas élevés par leur père *(tsy tarimin'baban')* ; et alors, s'ils habitent chez leur mère *(mipetraka andrenin')*, c'est la catégorie de leur mère qu'ils suivent ; mais ils doivent se souvenir de ceux qui sont du côté de leur grand-père paternel s'il y a une cérémonie *(asa)* à faire : " Je me souviens *(mahatsiaro)* de vous, grand-père Untel, vous êtes là-bas et moi je suis ici chez ma mère, je ne suis pas en bonne position ici *(tsy tamana)*, alors je me souviens de vous grand-père Untel. " Il ne peut pas l'abandonner ; comment pourrait-il l'abandonner alors que c'est son grand-père ? »
Q. : « Mettons que tu sois Mañanadabo. Tu te maries avec une Mañoroomby. Vous avez des enfants, des petits-enfants. Alors ils sont descendants de qui, les petits-enfants qui suivent derrière ? »
R. : « Ce qu'ils suivent, c'est le père. Ce qui fait que c'est le père, c'est que c'est le coq qui chante et pas la poule *(ny akohovavy tsy magnena fa ny akoholahy no magnena)*. »
Q. : « Alors c'est la catégorie de leur grand-père qu'ils vont emmener avec eux. Mettons que tu sois Anjoaty. Ta femme est Saka-

lava Mañoroomby, et vos ancêtres sont mêlés. Ils vont emporter quel ancêtre, tes petits-enfants ? »

R. : « Mettons que je suis père, toi tu es la mère de l'enfant ; eh bien, il prendra sa catégorie de mon côté, Anjoaty. Il prendra ma catégorie, c'est-à-dire Anjoaty. Mais mon petit-fils, c'est l'enfant de ton enfant, il emportera un peu de ta catégorie aussi ; il ne peut pas la laisser derrière lui *(tavela afara)* ; s'il n'hérite que de mon côté, l'ancestralité n'est pas bonne *(manjary)* ; s'il ne prend qu'une seule catégorie, la maladie peut sortir *(miboaka)* et le devin *(sikidy)* va dire : " Ah, mais qu'est-ce qu'il a ton petit-fils, là où est cette catégorie qu'on doit lui donner ; ah, il veut sa catégorie, la catégorie qui lui vient de sa mère. " Voilà ce qu'on fait. »

Q. : « Maintenant, un autre exemple. Un ancêtre qui est très lointain *(lavitry),* le grand-père du grand-père par exemple, il est Mañoroomby. Maintenant il y en a un autre qui suit, il est mañana-dabo ; et puis il y en a un autre, qui est Anjoaty. Est-ce que j'ai le droit de choisir une catégorie parmi eux ? »

R. : « Oui, tu peux en choisir une, mais uniquement parmi les collatéraux du père *(ny ampagnilaña ny ada),* parce qu'il y a ce que je t'ai dit là, " la poule ne chante pas, c'est le coq qui chante " ; et en plus il y a une prière *(joro)* à faire du côté de la mère, il y a vraiment une prière à faire là-bas. Tu ne peux le faire que du côté du père. »

Le premier point soulevé par Jaosenga est l'affiliation à la catégorie du père, et non de la mère. On est ici en présence d'une réponse très commune chez les roturiers sakalava du Nord, liée uniquement à la relation de filiation père-fils, et ne faisant intervenir aucun autre critère. Les spécifications ultérieures montrent toutefois que cette idéologiee agnatique [8] subit de nombreuses modifications *du fait du système d'exogamie lui-même.*

Les développements ultérieurs de Jaosenga montrent en effet que si l'appartenance clanique du père est celle qui doit se transmettre, l'appartenance de la mère peut également être activée selon certaines modalités ; cette dernière règle est bien mise en évidence par la mention d'une consultation de *sikidy,* très généralement provoquée dans les groupes familiaux par la maladie d'un des membres rapportée elle-même à une transgression qu'il convient alors de découvrir.

---

8. Au sens de M. D. SAHLINS, « On the Ideology and Composition of Descent Groups », *Man,* vol. 65, art. 97, 1965, p. 104-107.

Cette activation n'est toutefois possible que si elle est accompagnée d'un lien de corésidence entre l'enfant et sa famille maternelle. Si l'on replace la notion de corésidence dans le contexte de l'évolution ou du « cycle de développement » des groupes de descendance, on déduit deux faits fondamentaux :

— l'activation d'une affiliation clanique est déterminée par le groupe résidentiel où se situe l'individu ;

— l'affiliation à un groupe résidentiel revêt un caractère optatif, moins marqué que dans le cas de sociétés purement cognatiques ou indifférenciées, mais effectif.

De ces deux conditions, on peut immédiatement déduire à nouveau que la transmission des affiliations claniques est subordonnée à la transmision des affiliations aux groupes résidentiels. Or, ces affiliations dépendent elles-mêmes du statut politique du groupement ou du sous-groupement concerné ; *on verra que plus l'on s'élève dans la hiérarchie des statuts, plus les groupes locaux retiennent auprès d'eux, directement ou par le biais d'adoptions entre parents proches, les enfants nés de leurs femmes.*

De même, plus l'on s'élève dans la hiérarchie, plus les multiples affiliations « secondaires », évoquées ci-dessus, s'évanouissent au profit de l'affiliation dominante considérée comme plus prestigieuse. En ce qui concerne la pratique roturière, je voudrais présenter ci-dessous deux exemples de transmission d'affiliations claniques à l'intérieur de groupements localisés. L'un de ceux-ci, le « noyau résident » des Zafindramahavita d'Ampasimena, est un groupe local de très haut statut ; le deuxième, un groupe Jingo d'Ambatozavavy, peut être considéré comme appartenant à une couche de « gens du commun » *(vahoaka).*

Deux exemples

Les Zafindramahavita d'Ampasimena

Parmi les roturiers sakalava du Nord actuels, les Zafindramahavita (« petits-enfants du seigneur qui réussit ») viennent sans doute au tout premier rang. La plus certaine de leurs affiliations prestigieuses est celle qui les lie à Bebaka, mari de la reine Safy Mizongo et son premier conseiller, père de la reine Binao ; ils réclament d'autre part Arusi, premier conseiller du roi Andriantsoly, pour l'un de leurs ancêtres fondateurs. Ce sont eux qui constituèrent entre

41

1860 et 1900 les appuis principaux des nobles dans leur politique d'intégration à l'appareil colonial, jusqu'à ce qu'Amada vers 1930 décide de les écarter du pouvoir ; de nombreux chefs de canton et fonctionnaires indigènes ont été recrutés parmi eux ; l'actuel premier conseiller de la monarchie est un de leurs membres. Ils ont fait souche principalement autour de l'ancienne capitale royale d'Ampasimena.

Le tableau suivant récapitule les données statistiques concernant l'affiliation résidentielle des trois à quatre générations de Zafindramahavita ayant résidé de manière permanente ou reconnue à Ampasimena de puis Bebaka. Toutefois, les concepts de patrilocalité et de matrilocalité ayant fait l'objet de critiques et de développements nombreux depuis l'article de W. H. Goodenough [9], il convient de spécifier le sens dans lequel ils sont employés ici. Ainsi que le note Goodenough, la notion de résidence patrilocale ou matrilocale ne porte que sur une relation entre deux générations adjacentes, alors que les groupes locaux « organiques » ou « réels » sont formés universellement de trois ou quatre générations [10]. De telles catégorisations revêtent donc un caractère statique et non dynamique. Si, par exemple, un individu considéré comme patrilocal réside de ce fait dans le même groupe local que son père lui-même *matrilocal*, la succession des affiliations considérée n'est pas nécessairement comparable à celles pouvant comprendre deux chaînons patrilocaux. A l'intérieur du groupe local, la branche deux fois patrilocale pourra se trouver, dans les situations de crise notamment, plus forte que celle ne comprenant qu'une seule affiliation résidentielle patrilocale.

Enfin, ainsi que le note J. A. Barnes [11], ces deux notions, de même que celle de virilocalité ou d'uxorilocalité, dépendent de l'aspect résidentiel des mariages pratiqués à la génération au-dessus ; appeler « patrilocalité » la résidence d'un individu dont le groupe matrilocal se situe à quelques centaines de mètres, et vis-à-vis duquel il peut

9. W. H. GOODENOUGH, « Residence Rules », *Southwestern Journal of Anthropology*, vol. 12, n° 1, 1956 ; J. L. FISCHER, « The Classification of Residence in Censuses », *American Anthropologist*, vol. 60, 1958 ; et P. OTTINO, *Rangiroa. Parenté étendue, résidence et terres dans un atoll des Tuamotu*, Cujas, Paris, 1972.
10. E. R. LEACH, *Critique de l'anthropologie*, trad. fr., P.U.F., Paris, 1968, chap. 3, p. 97.
11. J. A. BARNES, « Marriage and Residential Continuity », *American Anthropologist*, vol. 62, 1960.

entretenir des relations aussi intenses qu'avec son groupe patrilocal, n'offre pas de sens.

	H				F			
	p	m	d	autres	p	m	d	autres
1880		1						
1900				1	0			
1900		4			2			
1920	2				2			
1920		7			10			
1940	1	3	1	2	5		2	3
1940		8			5			
1960	6	1	1	1	1	2	2	

Code : p = patrilocal ; m = matrilocal ; d = duolocal.

Les résidences considérées comme « inclassables » (colonne « autres ») correspondent soit à des adoptions extérieures, généralement pratiquées par les nobles, ou à des cas, plus nombreux, d'individus n'ayant pas résidé de manière permanente à Ampasimena, mais étant toutefois considérés comme membres du noyau résident. En fait, dans la rubrique « autres » pourraient, si on affinait l'analyse, être inclus la quasi-totalité des Zafindramahavita d'Ampasimena. La mobilité sakalava est très grande, et les hommes comme les femmes, parvenus au sortir de l'adolescence, se déplacent fréquemment, s'engageant comme manœuvres ou exerçant toute une série d'emplois dans les grandes villes avant de revenir se fixer dans leur village pendant quelque temps. L'importance de cette dernière rubrique est de montrer qu'*un changement temporaire de résidence n'implique pas nécessairement de perte d'une affiliation.* Le critère de résidence n'intervient pas, comme dans les systèmes purement indifférenciés, comme une variable « exogène » de définition des groupes, mais comme volonté de s'affirmer comme membre plein d'un groupe local. Un membre d'un groupe de haut statut, tel que les Zafindramahavita, ne peut perdre son affiliation clanique ; mais, comme on le verra dans un prochain paragraphe, il peut par contre être considéré comme un membre « mineur » du groupe local s'il ne se soucie pas fréquemment d'entretenir des liens avec le noyau résident.

En effet, les quarante-cinq personnes issues sur deux à trois générations de Bebaka et de Bao Abdallah ont toutes, à divers titres, été considérées comme résidentes à Ampasimena pendant leur jeunesse ou une période de leur âge mûr ; et de ce fait, moins qu'une distinction entre « absents » et « présents », c'est de l'opposition humoristique de E. R. Leach entre « présents-présents » et « présents-absents » qu'il faudrait parler. Il est caractéristique à cet égard que la catégorie statistique venant en second lieu soit celle des « inclassables », c'est-à-dire de personnes comme Moanaiamo, d'origine zafindramahavita mais adoptée par les nobles, puis « possédée » et circulant entre Komamery, le tombeau royal de Manongarivo, Diégo-Suarez où elle était mariée et Ampasimena. Le village d'origine des Zafindramahavita joue ainsi le rôle de centre des différents mouvements des individus qui y sont nés et ont été élevés par ses membres éminents ou en contact durable avec eux. Sur ces quarante-cinq personnes, aucune ne m'a été signalée comme « n'emportant pas » *(tsy mahatondra)* son ascendance clanique ; beaucoup par contre, du fait de la politique d'Amada ayant éloigné les Zafindramahavita du pouvoir, sont considérés comme ne portant plus d'attention aux choses du pouvoir *(tsy mijery rahampanjakaña)*. On est donc à nouveau contraint de passer par la structure politique pour commenter des faits résidentiels. Ainsi, la nomination récente d'un membre du noyau résident, Abdillah Adakoto, pourrait avoir pour effet de resserrer autour de lui certains Zafindramahavita « perdus » *(very)*, de la même manière que la qualité de capitale politique accordée à Ampasimena détermina le statut des Zafindramahavita qui y résidaient.

Enfin, ce statut acquis du fait de la proximité des Zafindramahavita et des porteurs nobles de l'autorité implique l'attention exclusive du groupe à la transmission de son affiliation et, conjointement, l' « effacement » de toutes les autres affiliations roturières. On peut prendre pour exemple la parentèle bilatérale environnant Abdillah Adakoto :

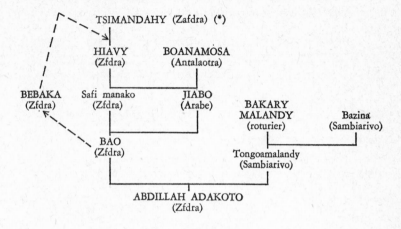

(*) Zafdra = Zafindramahavita

La lignée *(taranaka)* transmettant son affiliation à Abdillah Ada-koto comprend deux chaînons matrilocaux et matrilinéaires, puis un chaînon patrilocal renforcé par l'adoption de Bao Abdallah par son oncle maternel classificatoire *(zama)* Bebaka. On voit que le statut des conjoints roturiers n'est pas pris en compte. Abdillah Ada-koto hérite de sa mère une affiliation d'esclave royal Sambiarivo considérée comme un peu déshonorante, et dont personne parmi les Zafindramahavita ne songe à le qualifier. Sur le plan résidentiel, on se trouve en face d'une lignée de descendance en même temps que d'une lignée de résidence dont le caractère indifférencié est déterminé par le rang politique du groupe considéré ; la patrilocalité, qui est théoriquement norme roturière, n'est pas utilisée.

Les Jingo d'Ambatozavavy

Les Jingo sont une catégorie politique sakalava assez éminente dans la hiérarchie politique, puisqu'ils appartiennent à l'une des cinq catégories intervenant dans les cérémonies funéraires royales.

Le groupe jingo d'Ambatozavavy n'a cependant pas de statut particulier, n'étant serviteur que d'une famille de petits aristocrates eux-mêmes dominés, les Zafindramañarihena.

	H				F			
	p	m	d	autres	p	m	d	autres
1880	1				2			
1900		1				2		
1900		7				6		
1920	4			3	6			
1920		17				7		
1940	14	3			7			
1940		8				4		
1960	7		1		3			1

Soit un pourcentage de 0,89 de patrilocaux global, comprenant 0,75 % d'hommes et 0,94 % de femmes. Ces résultats montrent la dominance statistique de la patrilocalité chez ce groupe « du commun », mais *n'implique pas, à l'inverse des Zafindramahavita, que les non-résidents à Ambatozavavy puissent toujours se prévaloir de leur appartenance de Jingo.* Prenons l'exemple de l'une des branches issues de la fondatrice du groupe, Tinavoko. Une fille de cette dernière, Horavaka, après s'être mariée avec un homme du village d'Antsakoamanondro au nord d'Ambanja, s'est intégrée à la communauté villageoise et a eu de nombreux enfants. L'un de ses enfants, Jaofeno, bien qu'ayant conservé des relations avec le village d'Ambatozavavy en y adoptant des enfants ou en en donnant en adoption, n'est pas considéré comme Jingo à l'instar de sa mère. En manière de restriction, on dit de Jaofeno que « si l'on prend le côté de la mère (*izikoa amin'ny njariny*), il est Jingo » ; et les enfants de Jaofeno, qui n'eurent pas de relation directe avec Tinavoko, de qui est issue leur ascendance Jingo, ne peuvent se réclamer de cette appartenance.

On retrouve ici les règles dominantes énoncées au début de ce paragraphe : l'activation des appartenances claniques dépend de l'intégration à un groupe de résidence, intégration elle-même déterminée par le statut politique de ce dernier.

II. LA TRANSMISSION DES « FIRAZAÑANA » : L'IDÉOLOGIE ET LA PRATIQUE DES NOBLES

La nécessité d'explorer à part la transmission du statut nobiliaire tient à l'extrême attention qu'on doit accorder à Madagascar aux distinctions de normes selon les ordres ou strates des sociétés [12]. Dans la plupart des systèmes monarchiques malgaches, en effet, les couches aristocratiques ont imposé avec leur propre domination des principes d'organisation qui leur étaient favorables, et qui différaient des principes pratiqués chez les groupes roturiers conquis. L'évolution historique a quelque peu dilué cette opposition, au sens où les modèles roturiers ont souvent, avec l'homogénéité progressive de la société, influé sur les normes familiales des aristocrates sans que ces dernières disparaissent totalement.

Ainsi, le système de transmission du statut chez les aristocrates sakalava du Nord ressemble au système observé ci-dessus chez leurs alliés roturiers de haut statut, les Zafindramahavita ; elle en diffère cependant dans le sens où elle revêt un caractère d'indifférenciation absolue, au contraire des Zafindramahavita chez qui cette indifférenciation est corrigée, ainsi qu'on l'a vu, par des considérations extérieures à la parenté.

Tout Zafimbolamena épousant un roturier transmet son statut de Zafimbolamena. Ce système est évidemment lié directement à l'apparition, à l'époque d'Andriantsoly, d'une exogamie statistiquement importante, ainsi qu'on a pu le pressentir dans les descriptions historiques des groupes ci-dessus. Dès l'instant où, sous la pression des groupes roturiers représentés par les conseillers, les aristocrates acceptent de créer une exogamie d' « ordre » ou de « strate », les géniteurs roturiers ne doivent intervenir que d'une manière strictement biologique ; dans l'hypothèse contraire, en effet, les aristocrates se verraient privés de la descendance de toutes leurs femmes, puisqu'ils

---

12. Cf. P. OTTINO, « La Hiérarchie sociale et l'alliance dans le royaume de Matacassi », *A.S.E.M.I.*, vol. 4, Paris, 1973, p. 53-89 ; voir également V. VALERI, « Le Fonctionnement du système des rangs à Hawaï », *L'Homme — Revue française d'anthropologie*, vol. 12, n° 1, 1972, p. 30.

seraient contraints d'adopter la règle roturière de transmission agnatique ; ce qui serait dramatique pour une couche dominante moins nombreuse que les couches dominées.

Toutefois, cette conservation absolue du statut des Zafinbolamena coexiste avec la prise en compte par les nobles de leurs affiliations roturières sur le plan résidentiel, ainsi que le montre l'exemple suivant :

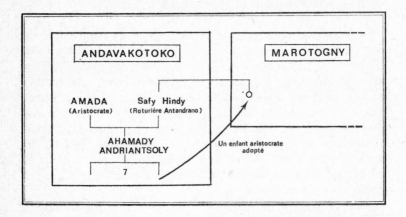

Ahamady Andriantsoly, l'actuel souverain des Bemihasatra du Nord, tient son statut d'aristocrate de son père Amada. Sa mère Safy Hindy est Antandrano ; pour Ahamady Andriantsoly, ses enfants « reçoivent /une affiliation/Antandrano » *(mahazo Antandrano)*. Sur le plan parental et économique, l'un d'entre eux a été adopté par une sœur de Safy Hindy résidant toujours dans son groupement Antandrano d'origine, à Marotogny. Ce sont surtout ces derniers rapports de solidarité économique qui interviennent, pour les aristocrates, en ce qui concerne leurs affiliations roturières. Le système rituel leur interdit en effet toute intervention dans les événements funéraires et cérémoniels, intervention qui est normalement motivée, chez les roturiers, par leur appartenance à une catégorie politique. Ainsi les enfants d'Ahamady Andriantsoly, malgré leur affiliation Antandrano, ne pourraient assurer de rôles dans une cérémonie funéraire royale *(fanompoaña)*.

L'impossibilité pour les Zafimbolamena de perdre leur statut est liée, d'autre part, au caractère exogame de leurs unions. Si les principes de transmission sont simples dans ces derniers cas, ils sont plus complexes dans le cas d'unions *entre aristocrates* d'une même

48

unité territoriale (*faritany*) ou même d'unités territoriales différentes. On a d'ailleurs observé à plusieurs reprises la réticence exprimée par les conseillers royaux lorsque les rois voulaient épouser d'autres aristocrates, même de statut inférieur, comme Amada qui a épousé plusieurs femmes *anadoany*. Très fréquemment, le problème est résolu en ce qui concerne les enfants issus de l'union selon des principes analogues aux principes roturiers : les enfants suivront l'appartenance du père. On peut à cet égard reprendre l'exemple d'Ahamady Andriantsoly. D'une première union avec une femme aristocrate Zafy ny Fotsy de la région d'Ambilobe, il avait eu deux enfants. Pour lui, ses enfants sont d'abord Zafimbolamena, puis Zafy ny Fotsy ; et, au sujet des conséquences de cette affiliation, il précisait sur ma demande qu' « ils peuvent suivre les coutumes (*fomba*) Zafy ny Fotsy si elles ne sont pas contraires aux nôtres », ce qui était marquer la prééminence de son affiliation propre sur celle de son ancienne femme ; de surcroît, il a d'un commun accord avec le groupe de sa femme, lors de leur séparation, conservé les deux enfants issus d'elle qui sont élevés en grande partie par leur grand-mère paternelle Safy Hindy. On voit que des considérations de résidence viennent à nouveau restreindre dans la réalité des faits les affiliations théoriques d'un individu. En effet, si Ahamady Andriantsoly ne s'était pas séparé de sa femme, il est probable que les enfants issus d'eux, même s'ils avaient conservé une affiliation « dominante » Zafimbolamena, auraient eu de fréquents contacts avec leur famille maternelle d'Ambilobe.

De la même manière, le problème de l'appartenance de Fatoma, fille d'Amada du côté Bemihisatra, et de Volamanjaka, une Bemazava noble, posait un problème ne pouvant être résolu par des règles idéologiques préexistantes. Bien que la restriction agnatique l'emporte d'après certains informateurs, pour Mahamoudou, le premier conseiller d'Amada, « le mariage d'un Bemihisatra et d'une Bemazava, personne ne sait ce que ça donne » ; c'est ce qui explique, notons-le, la volonté d'Amada de négocier l'enterrement de sa femme dans un tombeau royal Bemihisatra afin de l'intégrer à ce dernier segment tout en rompant les liens avec son segment d'origine.

C. La notion de « tariky » :
les conceptions aristocratique et roturière

I. LA CONCEPTION ROTURIÈRE

La notion de *tariky* ne coïncide ni avec celle de *firazañana,* avec laquelle elle offre cependant des ressemblances générales, ni avec les lignées et groupes résidentiels évoqués dans le paragraphe précédent. Un *tariky* est un ensemble *généalogique* d'individus, hommes et femmes, se réclamant d'un ancêtre commun ou d'un couple avec lequel ils savent rétablir les chaînons de parenté intermédiaires. Les *tariky* roturiers offrent donc l'aspect général de groupes *centrés sur un ancêtre* et, comme on le verra, de groupes de filiation et/ou de descendance. La norme d'appartenance à un *tariky* roturier est en théorie la filiation agnatique, ce qui résout immédiatement le problème de la discontinuité, dont les Sakalava, au contraire de membres de sociétés à fonctionnement nettement indifférencié, tels les Iban étudiés par Freeman, ne sont pas conscients[13]. Tous les informateurs adhèrent à l'idéologie agnatique, assez clairement marquée dans la terminologie par des principes sémantiques opposant les chaînons de sexe opposé aux collatéraux croisés, les oncles maternels et tantes paternelles aux « pères » et « frères » du « père » ainsi qu'aux « mères » et « sœurs de la mère[14] ». De même, à l'intérieur des ensembles généalogiques, les « enfants des hommes » *(zanakan'lahy)* sont différenciés des « enfants des femmes » *(zanakan'vavy).*

Les *tariky* sakalava roturiers ne forment pas cependant des groupes organiques ou réels, mais des groupes dont l'existence est avant tout généalogique, pour des raisons tenant aux règles de résidence déterminant l'accès aux domaines fonciers et aux effets de ces règles sur l'effectif des groupes locaux. A la norme d'appartenance agnatique

---

13. J. D. FREEMAN, « The Iban of Western Borneo », in G. P. MURDOCK, *Social Structure in South-East Asia,* Viking Fund Publications in Anthropology, n° 29, Chicago, 1960, p. 65-87.
14. Voir J.-F. BARÉ, « La Terminologie de parenté sakalava du Nord », *L'Homme,* vol. 14, n° 1, 1974, p. 5-41.

répond celle de patri-virilocalité, déjà évoquée ci-dessus. Les « enfants des hommes » *(zanakan'lahy)* sont considérés par filiation comme des membres résidents, et non les « enfants des femmes » *(zanakan' vavy),* appartenant au groupe local de leur père. Les germains de même père forment donc une corporation d'ayants droit par opposition aux germains de même mère. Les groupes locaux des roturiers « du commun » sont donc contrôlés par trois générations d'hommes constituant un noyau « fort [15] » et exploitant en commun des terres qui, *s'il s'agit de terres héritées (tany lova), sont nécessairement indivises,* résident avec leurs épouses successives qui tirent leurs ressources des terres du *tariky* de leur conjoint, sans s'y voir reconnaître de droits de propriété *(fanangana tany).*

Ces normes de continuité résidentielle patrilocale impliquent que les groupes locaux à recrutement agnatique ne coïncident pas avec les *tariky* « généalogiques », puisque les femmes qui en sont issues sont génitrices d'enfants dans des groupements étrangers. A ces premières restrictions s'ajoute celle de l'extension des *tariky* qui est directement liée, elle aussi, à l'effectif des groupes. En règle générale, les groupes locaux, *s'il ne s'agit pas de groupes roturiers éminents,* sont établis dans des enceintes résidentielles *(toko-tany)* où trois à quatre générations d'ascendants au maximum les ont précédés.

La mémoire généalogique excède souvent quelque peu ces trois à quatre générations ; ainsi des collatéraux au-delà du deuxième ou troisième degré se trouvent souvent dans une position de non-résidents. Les groupements locaux « réels » se trouvent composés des trois à quatre générations nécessairement en contact, qui forment des groupes de coopération du fait de la durée moyenne d'une vie humaine. Toutefois, cette « fourchette » de trois générations ne joue pas, comme sur les hautes terres, un rôle structural. *Les tariky sakalava ne se dissolvent jamais,* du fait qu'ils ne recrutent pas leurs membres par des séquences optatives mais par l'application plus ou moins stricte du recrutement agnatique patrilocal, la rigueur de la règle dépendant dans une large mesure du rapport entre les résidents et la taille des domaines fonciers [16].

---

15. Les Sakalava disent souvent que « seuls les hommes sont solides » *(lehilahy fo fatatra).*

17. Rappelons que le développement des études sur les organisations indifférenciées et complexes de Nouvelle-Guinée notamment a montré que les fluctuations dans le recrutement des groupes locaux étaient en rapport avec la densité des terres cultivables ; se reporter aux travaux de J. A. BARNES, « African Models in the New Guinea Highlands », *Man,* vol. 62, 1962, et

L'ensemble d'individus de même *tariky* résidant dans un même quartier villageois constitue une unité organique dans l'exploitation des terres *dès que ces dernières ne sont pas à revenu commercial*. Toutefois, les problèmes posés par les cultures commerciales deviennent de plus en plus aigus avec la disparition actuelle de ceux qui les ont défrichées à partir des années 1900 ; souvent, le partage entre ayants droit est effectué du vivant du possesseur et les hommes sont alors favorisés aux dépens de leurs sœurs, particulièrement si ces dernières sont absentes du groupe local du fait d'une union virilocale stable.

Dans le cas des roturiers du commun, un principe agnatique et patrilocal détermine donc la perpétuation des groupes locaux et la transmission des droits.

Un « tariky » agnatique :
l'exemple des Zafindramahavita d'Ambalihabe

Afin de faire apparaître l'observance de la règle d'appartenance agnatique chez ce segment « du commun » de roturiers de haut statut, le tableau suivant emploie des catégories légèrement différentes de celles utilisées dans le paragraphe précédent. Il tente de décrire uniquement les affiliations résidentielles des « enfants des femmes » (*zanakan'vavy*) dont dépendent les caractéristiques de la continuité résidentielle.

| | ENFANTS DES FEMMES | | | |
| | Non-résidents | Résidents à Ambalihabe | | |
	patrilocaux	*matrilocaux*	*duolocaux*	*autres*
1880 1900	10 1	1	8	
1900 1920	6 6			
1920 1940	11 10			1
1940 1960	19 15			1

M. MEGGITT, *op. cit.*, 1965. Dans un article de 1968, R. C. Kelly critique toutefois assez violemment le caractère trop large de cette thèse : « Dans la quasi-totalité des cas, le problème n'est pas celui de la rareté globale des

On voit que, sur un total de quarante-six individus « nés de femmes » (*terabavy*), quarante et un, soit 89 %, ont suivi la règle d'appartenance agnatique et sont considérés comme non-résidents à Ambalihabe.

A. LE CARACTÈRE HIÉRARCHISÉ DES GROUPES LOCAUX

La comparaison entre les Zafindramahavita d'Ampasimena et ceux d'Ambalihabe montre de grandes différences entre les deux *tariky* locaux quant aux principes d'affiliation : les premiers ont eu soin de conserver jusqu'à la décadence d'Ampasimena et au-delà l'ensemble de leurs descendants, qui ont toujours accès au village souche même s'ils sont dispersés ; les autres, moins proches des nobles et d'un statut commun malgré le rang théorique impliqué par leur ascendance célèbre, n'ont pu utiliser les différentes alliances matrimoniales pratiquées dans les réseaux résidentiels proches de la capitale politique et, de ce fait, ont été quasiment contraints, à l'instar d'un grand nombre de groupements roturiers, de laisser la norme de recrutement agnatique organiser leur stabilité résidentielle.

La seule variable expliquant ces différences organisationnelles est le rang hiérarchique réel. Plus l'on s'élève dans la hiérarchie ou, plutôt, plus l'on s'approche des lieux centraux de l'appareil Bemihisatra, plus les groupes tentent de conserver sur place le maximum de leurs membres ; cette transgression apparente ne peut qu'être immédiatement accompagnée de règles inverses chez les *tariky,* qui ne sont pas porteurs du pouvoir d'arbitrage dont ont disposé pendant longtemps les gens d'Ampasimena. La proposition inverse corrobore ces faits : lorsqu'un *tariky* porteur d'autorité à l'intérieur de l'appareil perd du statut, il est contraint par les autres groupes locaux à leur abandonner ses membres nés des femmes. Il convient donc d'expliquer pour quelle raison les groupes locaux de haut statut entendent, en règle générale, voir se multiplier leurs membres. Cette attitude entraîne en effet des inconvénients institutionnels autant que des avantages. Les inconvénients tiennent à l'augmentation corrélative de la surface foncière ; si, en effet, tous les membres des Zafindramahavita issus de résidents à Ampasimena y résident à leur

terres, mais celui d'une distribution inégale » (« Demographic Pressure and Descent Group Structure in the New Guinea Highlands », *Oceania,* vol. 39, n° 4).

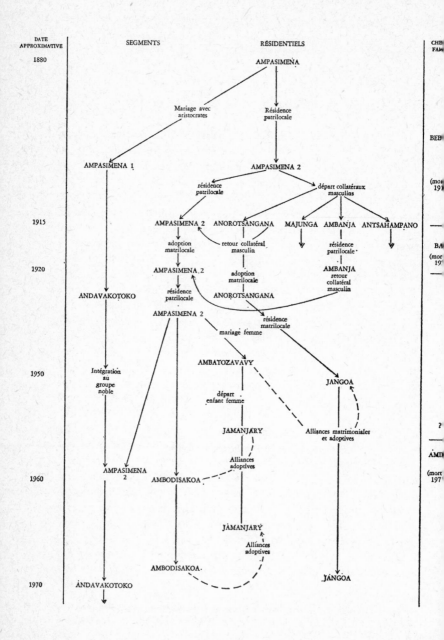

DATE
APPROXIMATIVE   SEGMENTS   RÉSIDENTIELS   CHB FAM

1880   AMPASIMENA

Mariage avec aristocrates   Résidence patrilocale

BEB

AMPASIMENA 1   AMPASIMENA 2

résidence patrilocale   départ collatéraux masculins

(mon 191

1915   AMPASIMENA 2   ANOROTSANGANA   MAJUNGA   AMBANJA   ANTSAHAMPANO

adoption matrilocale   retour collatéral masculin   résidence patrilocale

BA (mor 19

1920   AMPASIMENA 2   AMBANJA retour collatéral masculin

ANDAVAKOTOKO   résidence patrilocale   adoption matrilocale

AMPASIMENA 2   ANOROTSANGANA

résidence matrilocale

mariage femme

Intégration au groupe noble

1950   AMBATOZAVAVY   JANGOA

départ enfant femme

JAMANJARY   Alliances matrimoniales et adoptives

Alliances adoptives

AMI (mort 197

1960   AMPASIMENA 2   AMBODISAKOA

JAMANJARY

Alliances adoptives

AMBODISAKOA   JANGOA

1970   ANDAVAKOTOKO

tour, cette résidence s'accompagne automatiquement de la disposition d'une terre, très généralement d'une rizière. Bien que la mesure de superficies et la recherche historique de leur évolution soit quasiment impossible dans des sociétés comme celles des Sakalava du Nord [17], il semble, d'après les dires d'informateurs très qualifiés comme Abdillah Adakoto, que jamais le noyau résident des Zafindramahavita ne manqua de terres.

La première explication de ce fait réside dans l'évolution « en spirale » des groupes locaux de haut statut, qui, rappelons-le, fournirent de nombreux fonctionnaires à l'Etat français et, d'autre part, entretinrent des contacts quasi organiques avec le groupe local des aristocrates régnants. Le domaine foncier Zafindramahavita n'offrait pas, au contraire de ceux des groupes locaux de bas statut, un caractère relativement fixé une fois pour toutes ; et la capacité de contrôle foncier des nobles et de leurs conseillers Zafindramahavita était encore accrue, au moment de la grande époque d'Ampasimena, par leur qualité de fonctionnaires indigènes.

Le noyau résident pouvait ainsi accueillir pratiquement autant de membres qu'il en naquit pendant une trentaine d'années, et les soldes de fonctionnaire firent vivre des maisonnées importantes de gens qui « s'appuyèrent » *(mihankiny)* alors sur leurs « grands ».

La forme fluide, évolutive, des déplacements peut être évoquée par le tableau ci-contre, qui résume l'ensemble des relations résidentielles entre membres du noyau résident des Zafindramahavita d'Ampasimena.

Ce tableau confirme la notion d'un *tariky* roturier formé d'un noyau permanent, engendrant des segments dispersés du fait de la mobilité résidentielle sakalava, gardant toutefois des relations ou même se désagrégeant pour revenir au segment résidentiel d'origine. Une approche purement statistique au sens traditionnel ne rendrait pas ce caractère d'évolution en spirale du groupement ; elle aurait en effet le défaut de confondre deux types de décisions concernant la résidence, les unes impliquant une continuité liée aux normes, les autres aménageant les normes dans le cas où la continuité se trouve menacée.

---

17. Les services des domaines de Nosy Be et d'Ambanja n'ont entrepris l'établissement d'un cadastre couvrant les deux sous-préfectures qu'en septembre 1972. De plus, les superficies des rizières environnant Ampasimena ont considérablement varié selon le mode de culture ; les mesures sont rendues extrêmement difficiles par le relief.

On retrouve ici la notion de « décision lourde » opposée à celle de « décision faible » évoquée par C. Vogel en Imerina [18]. Afin qu'elle soit perçue clairement, je voudrais donner un exemple.

Bao Abdallah, prêtre familial des Zafindramahavita vers 1920, a eu de son premier mariage six enfants ; quatre femmes et deux hommes (F F F H H F). Au moment de son départ pour Anorotsangana, les hommes résidents à Ampasimena sont : deux demi-frères de Bao, Boba et Gôlo ; Bebaka, qui est chef de famille *(ampijoro)* et « comme un *ampanjaka* » au sein de son groupe de résidence ; Vitazara et Abdillah Adakoto, fils de Bao. Quand Bao revient à Ampasimena en 1919 après la mort de Bebaka, il est élu chef de famille et *manantany* ; Boba part à Ambanja, Gôlo à Majunga. La fille de Bao qui a le plus d'enfants est Bemoana. Se servant de son autorité de chef de famille, il décide d'adopter définitivement l'aîné des garçons de Bemoana, Amida, ce qui pourtant est contre les normes puisque Amida devait appartenir au *tariky* de son père ; ce dernier, étant Anjoanais ou Antalaotra, n'a pas d'influence au sein du groupe de résidence. On peut considérer cette adoption comme une « décision lourde » ; après la mort de Bao, en effet, c'est Amida qui assumera, en même temps que la continuité résidentielle du *tariky,* la charge de chef de famille.

B. La centralisation des groupes locaux

Il existe entre les groupes locaux roturiers une hiérarchie *externe* : elle oppose les groupes roturiers de bas statut, contraints de contrôler leur taille démographique par l'application plus ou moins stricte de la règle de patrilocalité, aux roturiers de haut statut, partageant avec les nobles l'autorité politique et foncière, et conservant dans leurs unités résidentielles la majeure partie de leurs descendants.

---

18. Pour une critique de l'approche purement statistique du « cycle de développement des groupes de résidence », voir I. R. BUCHLER et H. A. SELBY, *Kinship and Social Organisation,* The Macmillan Company, New York, 1968, p. 48-49 et s. Dans son ouvrage sur les hautes terres malgaches, C. Vogel reprend à B. de Jouvenel cette distinction que je considère comme fondamentale, l'opposition « décision lourde » / « décision faible » : « S'il ne nous importe pas de connaître la décision de très nombreux agents de masse individuelle faible, qui alimentent le processus, il n'en va pas de même des décisions lourdes qui peuvent intervenir. Dans le cours du processus, ces décisions peuvent injecter la spécificité de l'événement. » (B. de JOUVENEL, *L'Art de la conjecture,* 1964, cité par C. VOGEL, *Organisation familiale et territoriale en Imerina orientale,* Université de Madagascar, 1973, p. 65).

A l'intérieur des groupes locaux est également constatable une hiérarchie *interne*. Dans sa forme générale, elle oppose un prêtre familial (*ampijoro* ou *lohajoro*) aux autres « membres résidents ».

Le personnage du prêtre familial, qui est souvent le membre le plus âgé du groupe local, résume et représente les membres résidents ; il détermine et oriente la politique matrimoniale et foncière des groupes locaux d'autant plus que l'on s'élève dans la hiérarchie. Cette centralisation est une nécessité quasi structurale dès l'instant où les domaines fonciers d'héritage sont indivis et où des arbitrages sont nécessaires. Dans le cas des roturiers de haut statut, l'ensemble du groupe local se confond avec une unité politique et, dès lors, son prêtre familial est dans tous les cas un personnage exerçant une responsabilité dans l'appareil, afin que des conflits de rôle n'opposent pas le prêtre familial à celui de ses collatéraux investi d'un pouvoir politique et pourtant assujetti à lui en ce qui concerne les affaires intérieures de son groupe. Ainsi, lorsque l'on examine les groupes politiquement pertinents, la structure résidentielle roturière apparaît fixée autour d'hommes éminents jouant le double rôle de chef de famille et de conseiller royal, et il n'est pas exagéré d'affirmer que les groupes locaux sont fondés sur eux, et non pas qu'ils émergent parmi des groupes locaux de qui proviendrait leur légitimité [19].

Par le moyen de cette centralisation des groupes locaux se construisent en retour les rapports entre les unités locales organiques des roturiers et les unités des aristocrates. C'est ce qu'exprime en raccourci Abdillah Adakoto, à propos des Zafindramahavita d'Ampasimena, au moment où son père Bao en était le responsable : « Bao était fils de Bebaka et était frère de Binao. Bao s'appuyait sur les Zafimbolamena, et le *tariky d*e Bao s'appuyait sur lui. »

C. L'ALLIANCE ET L'INSTABILITÉ MATRIMONIALE ROTURIÈRE

Les Sakalava du Nord sont probablement l'une des sociétés malgaches où les couples sont les plus instables et où hommes et femmes ont le plus grand nombre d'unions. Une enquête systématique faite en 1970-1971 dans le village d'Ambatozavavy faisait apparaître une

---

19. Cette prédominance du politique dans les organisations locales de Nouvelle-Guinée a été évoquée notamment par J. A. Barnes comparant les structures sociales africaine et néo-guinéenne : « Parmi les Tiv et les Tallensi et moins sûrement parmi les Nuer, il semble qu'un homme domine d'abord parce qu'il appartient au groupe local dominant, alors que dans les hautes

moyenne oscillant entre cinq et six unions par personne, non compris les relations « adultérines » *(vamba)* ou « mariages au-dehors » *(vadiaña an tety)* de plus en plus courants parmi les jeunes générations. A tous les niveaux de la société, une forte idéologie de la sexualité séparée de son enracinement sociologique accentue et accompagne l'instabilité qui est, à mon avis, un trait culturel très ancien. Cette instabilité étant quasiment une norme, on peut considérer que les mariages stables, sanctionnés par des prestations matrimoniales en argent *(fehimbadiaña)*, sont des unions engageant l'ensemble des groupes locaux concernés, au contraire des unions passagères, même si elles produisent des descendants.

On a vu ci-dessus que le rang de l'exogamie s'étendait aussi loin que la mémoire généalogique, tant en ligne paternelle que maternelle. Si l'on considère que les Sakalava connaissent en moyenne cent à cent cinquante personnes considérées comme parentes *(havana)*, l'union matrimoniale a sur le système une première conséquence, c'est que le groupe où l'on prend femme devient, à la génération suivante, un groupe où il est interdit de répéter l'alliance. Cela explique l'assez grande fréquence de mariages par échange de sœurs *(fanakalo anabavy)* ou de mariages de groupes de frères épousant des groupes de sœurs, seul moyen de répétition d'alliance dans un même groupe dont l'intérêt est de ne pas disperser les différents « enfants des femmes ». Il est évident, en effet, qu'il existe une large coïncidence entre proximité généalogique — et donc interdiction matrimoniale — et proximité résidentielle. L'interdiction matrimoniale, qui ne peut concerner qu'un groupe de germains puisqu'elle prend la forme d'une interdiction « de parentèle », est ainsi un facteur de dispersion relative des descendants des membres féminins des *tariky*. Cela implique pour les femmes toute une série de conséquences défavorables, qui sont déduites immédiatement de l'importance pour leur sécurité économique que revêt leur présence dans le groupe où elles ont été élevées, c'est-à-dire très généralement le groupe de leur père ; si elles se marient et si l'union offre un caractère durable, ne revêt pas un aspect d' « aventure » *(korombemba)* si fréquent chez les femmes sakalava actuelles, il est probable qu'elles seront intégrées au *tariky* de leur mari et qu'elles n'auront plus de

---

terres de Nouvelle-Guinée on pourrait dire qu'un groupe local est dominant parce qu'un *big man* lui appartient » (J. A. BARNES, « African Models... », art. cité, 1962, p. 8).

rapport avec leur propre groupe que mortes. Cette alternative, conjuguée avec la disparition progressive des prestations matrimoniales *(fehim-badiaña)* qui, d'ailleurs, n'assuraient probablement pas la stabilité que leur prête la littérature anthropologique classique, provoque de la part des femmes sakalava des séparations répétées qui n'ont d'autre but que celui de rejoindre à intervalles réguliers le groupe patrilinéaire, avant de faire d'autres rencontres et d'avoir une nouvelle union temporaire [20].

Il y a donc une très faible intégration des femmes dans le groupe de leur conjoint ou, pour reprendre les termes de P. Ottino, un « asservissement » de l'alliance matrimoniale au principe de descendance [21].

Tout se passe comme si les groupes roturiers sakalava ne pratiquaient l'échange de leurs femmes que pour leur faire assurer des fonctions de reproduction biologique nécessaires à la continuité du groupe. Cela est d'ailleurs cohérent avec les principes de conservation du statut d'au moins deux strates de la société sakalava du Nord, les roturiers éminents et les aristocrates, qui, comme on l'a vu, conservent leur statut quelle que soit la génitrice ou le géniteur.

La deuxième conséquence du système d'exogamie tient à ce que seules des considérations extérieures à la parenté ou aux relations purement généalogiques conduisent, pour les groupements qui négocient le mariage, à choisir tel ou tel conjoint aux jeunes membres du *tariky*. Ainsi l'alliance matrimoniale, normalement rejetée par les roturiers de bas statut en ce qui concerne les domaines économique et foncier, peut jouer dans un domaine politique un rôle pertinent. Du fait de l'extension de la règle d'exogamie évoquée, ces alliances « hypergames » de roturiers de bas statut avec des roturiers de haut statut ne peuvent cependant être décrites que comme des relations entre individus ou, au mieux, entre branches généalogiques de *tariky* différents ; il est impossible pour un groupe résidentiel donné de considérer un autre groupe pris organiquement comme allié. Si, en effet, un homme d'un groupe X épouse une femme d'un groupe Y, les enfants, appartenant au groupe X, ne pourront cependant pas trouver une femme dans le groupe Y ; ainsi les membres de X ne pourront appeler globalement des alliés *(olo ampanambady)* les membres de Y, mais seuls certains membres de X auront des alliés chez Y. Ce ne seront pas non plus, cependant, des gens de même

---

20. E. LEACH, *Critique de l'anthropologie, op. cit.*, 1968, p. 193-209.
21. P. OTTINO, *Rangiroa...*, *op cit*, 1972, p. 331, note 1.

tariky puisqu'ils ne seront en relation que par une femme. C'est ce qu'illustre l'expression de Hevitry, un Antandrano d'Ampasimena, dont la mère était cousine germaine d'une femme de Mahavaño, le village voisin. Quand je lui demandais si lui et un enfant de la cousine germaine de sa mère pouvaient être dits de même *tariky*, il acquiesçait puis se corrigeait en disant, de manière significative, « que si l'on prenait le côté de la mère *(izikoa amin'ny nindry)*, ils étaient de même *tariky* ».

Un deuxième point très important est nécessaire pour décrire les effets de l'alliance matrimoniale sur la composition des groupes de résidence. Il concerne la pertinence de la notion de mariage virilocal ; on peut penser, en effet, que cette notion ne prend de sens que si une femme réside dans un groupe où elle n'a plus de contacts avec ses germains et ses collatéraux de même *tariky*, ce qui n'est pas le cas quand elle réside dans le même village ou dans un village très proche. Cette condition ne modifie pas toutefois la conduite de la femme elle-même, mais les rapports entre ses germains et collatéraux et la génération de ses parents *avec ses enfants* ; dans ce dernier cas, les rapports entre grands-parents et petits-enfants, culturellement très étroits de toute façon, s'en trouveront encore renforcés jusqu'à l'adoption éventuelle d'un des enfants en bas âge, ce qui permet au groupe d'origine de reprendre le contrôle de certains de ses descendants par les femmes. Si les rapports entre l'adopté et l'adopteur sont bons, l'enfant sera intégré au groupe du père de sa mère, ce qui permet de déjouer la règle de patrilocalité.

D. LES RAPPORTS ENTRE « ENFANTS DES HOMMES » (ZANAKAN'LAHY ET « ENFANTS DES FEMMES » (ZANAKAN'VAVY)

On a vu qu'à l'intérieur des groupes roturiers ces deux catégories avaient par nature un destin opposé : les « fils des hommes » perpétuent sur le plan biologique et résidentiel, et partant foncier, leur groupement ; les « enfants des femmes » ne sont corésidents que dans l'hypothèse, statistiquement minoritaire, de mariages à l'intérieur de groupes composant une communauté résidentielle ; en règle générale, ils appartiennent au groupe résidentiel de leur père. Aussi les rapports entre ces deux catégories sont nécessairement tendus dès lors qu'ils viennent à concerner l'appropriation d'un même domaine ; Jaotogny me décrivait ainsi ce type de conflit : « Un enfant des femmes *(zanakan'vavy)* va venir se battre avec mon père *(miady babako) ?* C'est une chose que je ne peux pas accepter *(tsy maloe-zaho).* On ne peut pas ; on lui dit : " Ici, il n'y a rien qui soit à ton père. " Par exemple, le village de mon père c'est Ambalihabe ; le village de ma mère c'est Mangirankiraña ; je n'obtiendrai rien à Mangirankiraña si ma mère ne me le donne pas personnellement *(izikoa tsy amian' an tena).* » Avec le développement des générations se créent ainsi plusieurs communautés distinctes unies les unes aux autres seulement par la conscience d'une appartenance commune, qui finit par se dissoudre si des relations ne se conservent pas.

A cet égard, il est utile de décrire les relations entre deux branches généalogiques du groupe Jingo d'Ambatozavavy qu'on a déjà mentionné.

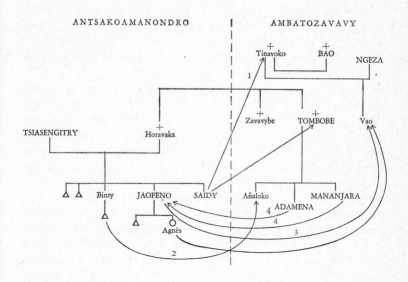

Ce tableau réexamine le cas d'une union stable, celle d'Horovaka, fille de la fondatrice du groupe Jingo d'Ambatozavavy, Tinavoko. Horavaka a été mariée dans le village d'Antsakoamanondro, au nord d'Ambanja, et a eu de nombreux enfants. Une fille de Tinavoko résidant à Ambatozavavy après des unions instables a adopté, après sa mère, un fils de sa sœur Horavaka, Saidy. Une petite-fille de

61

Tinavoko, Añaloko, placée dans la même situation que Zavavybe (union instable), a adopté un petit-fils d'Horavaka, fils de la fille de cette dernière, Binty ; Vao, fille de Tinavoko, a ensuite adopté Jaofeno, fils d'Horavaka. En contrepartie, ce dernier a élevé deux enfants de Tombobe, fils de Tinavoko, jusqu'à ce que lui-même ait des enfants.

On voit que ces adoptions, qui, il faut le signaler, sont des adoptions *transitoires,* ont essentiellement pour but de conserver des relations entre deux communautés résidentielles relativement éloignées, se réclamant au sens large d'un même *tariky,* et ayant donc quelque vocation à se heurter sur le plan du contrôle foncier. Le caractère transitoire de ces adoptions montre qu'elles n'ont pas pour but d'assimiler entièrement les adoptés, mais d'établir une sorte de partage informel de ressources sur lesquelles le droit de jouissance des « enfants des femmes » est ainsi reconnu, *contrairement au droit de propriété* qui n'est associé qu'aux groupements de corésidents « définitifs ».

Les rapports entre « enfants des femmes » et « enfants des hommes » sont également marqués d'un autre trait culturel, lié à l'alliance. L'idéologie agnatique veut en effet que deux cousins germains patrilatéraux *(olo ampirahalahy baba),* par exemple, soient des parents plus proches *(maletry)* que des cousins germains croisés *(zanak'olo ampianadahy).* De ce fait, l'union entre « fils des hommes » et « fils des femmes », dès qu'elle ne se situe pas dans l'espace généalogique des interdictions absolues, soit entre trois générations en moyenne, est considérée comme permise. On cite souvent à cet égard l'adage : *vadiaña ampilongo, hariaña tsy very* (« un mariage d'apparentés, c'est la richesse qui ne se perd pas »). Il est révélateur de noter le terme *ampilongo* qui n'est absolument pas un terme du vocabulaire sakalava actuel, mais serait plutôt originaire du Menabe, c'est-à-dire en dernière analyse de la source culturelle des sociétés du Nord-Ouest. Il est également significatif de noter qu'un mariage entre « enfants des femmes » et « enfants des hommes » d'un même *tariky* a les mêmes effets qu'une adoption définitive, puisqu'il réunit dans une même unité résidentielle des gens théoriquement non corésidents, ainsi que leur descendance. On peut citer à cet égard l'exemple du mariage de Bao Abdallah et Madamo, sa quatrième femme. Bao Abdallah et Madamo étaient en relation de « fils des hommes » et « fils des femmes » (voir schéma).

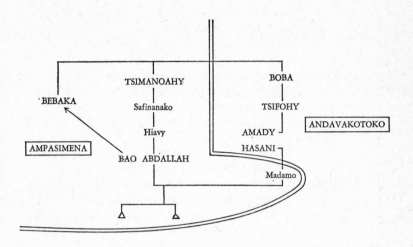

Après leur mariage, Madamo est venue résider à Ampasimena et les deux enfants de l'union y ont été élevés ; le deuxième garçon, Sigoro, a été élevé et adopté par Bebaka, chef du groupe résidentiel d'Ampasimena et père adoptif de son père Bao.

II. LA NOTION DE « TARIKY » : LA CONCEPTION ARISTOCRATE

Quand un roturier sakalava dit « notre *tariky* » (*tarikinay*), il désigne un groupe généalogique restreint, circonscrit dans le temps, associé à un domaine foncier particulier, juxtaposé à un grand nombre d'autres segments composant les villages sakalava dont une petite minorité entretient, par le biais des alliances matrimoniales, des liens d'amitié ou de communauté politique, des relations avec lui. Un aristocrate qui emploie la même expression se réfère, pourrait-on dire, à l'histoire des dynasties sakalava, puisque le groupe de descendance aristocrate Zafimbolamena forme une unité généalogique connue dont les membres peuvent établir des connexions généalogiques avec leur ancêtre fondateur, Andriamandisoarivo, dont ils sont séparés par neuf à dix générations. Il est dès lors évident que ce vaste groupement dont les membres partagent la même affiliation n'a, au regard des conditions réelles, d'existence qu'idéologique. Cela est particulièrement évident depuis la période de dispersion consécutive à l'anéantissement d'une organisation centrée sur Majunga jusqu'à la fin du XIXᵉ siècle. Après la dispersion des membres du groupe royal, des sous-groupes se sont constitués en prenant sous contrôle un territoire *faritany* et en s'associant à lui ; dès lors, le large *tariky* aristocrate, équivalent à ce que certains auteurs anglo-saxons ont nommé, en ce qui concerne les royaumes africains, le « lignoge royal » (*royal lineage* [22]), s'est scindé en segments de descendance prenant la forme générale des groupes de descendance roturiers, et dont l'existence collective est résumée, à l'instar de ces derniers, dans l'expression accolant au terme de *tariky* le nom du fondateur de l'unité résidentielle. Ainsi les Bemihisatra du Nord se nomment *tarik'i Andriantsoly* (*tariky* d'Andriantsoly), la plupart de leurs lignées et branches généalogiques provenant en effet de ce personnage.

Un deuxième aspect, fondamental et déjà évoqué à plusieurs reprises ci-dessus, concerne la transmission du statut d'aristocrate Zafimbolamena. On a vu dans les cas de mariage exogame que, quelle que soit l'affiliation roturière de l'enfant, ce dernier a droit à toutes les prérogatives que confère le statut de Zafimbolamena.

Ainsi ne se trouve-t-on pas en présence d'une transmission majoritairement agnatique, comme dans le cas roturier, mais entièrement indifférenciée et uniquement fondée sur des relations de descendance consanguine ; de ce fait découlent immédiatement plusieurs contradictions : d'une part, les segments de descendance des aristocrates sakalava du Nord ont à faire face à la multiplication de leurs membres, contrairement aux segments roturiers qui peuvent contrôler cette multiplication par l'application plus ou moins stricte de la règle d'appartenance agnatique ; d'autre part se pose pour eux le problème de la *discontinuité,* telle qu'elle est posée par des écrits classiques d'anthropologie [23]. Ce problème n'est, en effet, que par-

22. P. C. LLOYD, « The Political Structure of African Kingdoms : an Exploratory Model », *Political Systems and the Distribution of Power,* Tavistock Publications, 1965, p. 63-112.

23. Notamment G. P. MURDOCK, « Cognatic Forms of Social Organization », *Social Structure in South-East Asia,* Viking Publications in Anthropology, Chicago, 1960.

tiellement résolu par l'élimination des conjoints roturiers. Du fait de la mémoire généalogique étendue du groupe aristocrate, ce dernier est beaucoup moins prompt à la segmentation que les groupes roturiers ; il est impossible, en effet, pour des aristocrates de procéder à ces « oublis structuraux » évoqués dans le cas roturier, qui permettraient de restreindre les groupes réels à trois ou quatre générations, et donc à trois ou quatre degrés de collatéralité. On peut dès lors s'attendre à ce que des distinctions, basées en dernière analyse sur la dominance d'une branche généalogique *(taranaka)* sur les autres, doivent s'opérer ; ainsi il est possible de retrouver, projetée dans le groupe aristocrate, une distinction entre un « centre » et une « périphérie », entre un noyau résidentiel et des collatéraux extérieurs, une stratification interne. C'est ce que souligne chez les Bemihisatra la référence fréquente à une lignée *(taranaka)*, et non à un *tariky* comme dans le cas roturier. La notion de *taranaka* permet ainsi d'opérer des distinctions *internes* à un groupe de descendance. L'organisation résidentielle et, partant, économique du groupe de descendance Bemihisatra est, en effet, largement associée à cette notion de lignée ou de branche généalogique. C'est ce que souligne l'histoire de l'implantation du groupe noble, où les cas de protection octroyée par un souverain suprême à un collatéral sont nombreux.

A l'intérieur du groupe de descendance, une lignée est dominante : celle dont l'un des membres actuels détient le pouvoir politique et religieux à l'intérieur d'un territoire. D'après Ahamady Andriantsoly, c'est le souverain suprême qui joue, à l'intérieur de son groupe, le rôle de chef de famille qu'on a évoqué ci-dessus pour les groupements roturiers ; sa famille proche et lui-même constituent un centre auprès duquel viennent résider les collatéraux, qui peuvent parfois recevoir un segment de territoire (cas du territoire de Komamery) à l'intérieur duquel ils jouissent d'une autonomie relative ; c'est dans l'enceinte résidentielle de sa demeure *(zomba)* que sont pratiquées les « premières sorties » des enfants du groupe royal qui entérinent leur appartenance ; et c'est également lui qui réunit par une politique d'adoptions systématique les membres de lignées dispersées territorialement.

3

Nom	Lignée	Lieu d'origine	Relation de parenté
Makarakara	Safy Aboudoy	Majunga	fils de cousin germain
Simama	Safy Mainty	Komamery	arrière-petite-fille de cousine germaine
Tsimetry	Barera	Majunga	fils de cousin germain
Soaniaomby	Barera	Antsirabe (Joja)	fille de Tsimetry

LES ADOPTIONS DE BINAO

Cette politique d'adoptions, plus ou moins fréquentes selon la personnalité des souverains suprêmes, a évidemment pour effet de placer les collatéraux adoptés ou pris en charge dans une situation de dépendance ; elle ne s'accompagne jamais, en effet, de dons de terrains qui pourraient permettre une autonomie aux aristocrates les recevant. Les terres royales, qui forment le patrimoine indivis de la lignée régnante, sont conservées par ses membres corésidents et particulièrement par le souverain suprême qui en est le dépositaire et le responsable. Cela ne fait qu'accentuer la disparité entre des lignées ayant déjà un fort caractère d'asymétrie, les droits d'usage théoriques des autres aristocrates de même *tariky* restreint étant pratiquement annulés, sauf par le biais d'une redistribution effectuée par le souverain suprême. Ces faits expliquent les appuis politiques qu'un souverain comme Amada octroya à ses collatéraux, le fait pour un aristocrate d'une lignée dominée d'avoir un poste d'administration signifiant, en dehors d'un surcroît de pouvoir, une possibilité d'autonomie économique, et en définitive apporte au responsable de la lignée régnante une tranquillité relative quant aux menées séditieuses que ses collatéraux pourraient entreprendre contre lui [24].

Le groupe de descendance aristocrate se différencie donc essen-

---

24. Il faut rappeler ici qu'Amada confia en 1948 des postes de chef de canton à deux de ses collatéraux, qui lui disputaient plus ou moins ouvertement le pouvoir monarchique.

tiellement des *tariky* et groupes résidentiels roturiers *en ce qu'il n'offre pas dans son ensemble un caractère organique,* sinon sur un plan rituel ou cérémoniel. Il est formé de segments résidentiels de petite taille, parmi lesquels domine le segment où réside le détenteur de la légitimité bemihisatra, qui joue du point de vue matrimonial et résidentiel un rôle central.

A. La continuité du groupe de descendance aristocrate et sa politique matrimoniale

La politique matrimoniale et d'alliance des aristocrates leur échappe en partie, puisque à plusieurs reprises on a mentionné ci-dessus des décisions d'alliance provenant en partie des conseillers roturiers. Ce fait peut s'inscrire dans le domaine proprement politique de la structure monarchique, aussi faut-il pour l'instant le laisser de côté. Il convient toutefois de le mentionner, pour autant que l'alliance matrimoniale, généralement exogame ou voulue telle, représente une des communications entre les ordres roturier et aristocrate.

Aussi faut-il à cet égard distinguer deux ordres de fait. Sur le plan interpersonnel, tout conjoint roturier des aristocrates est une personne considérée comme coupée de son groupe et simplement utilisée à titre de géniteur. Cette individualisation d'une institution qui, d'ordinaire, crée des liens plus ou moins étroits mais de type collectif était bien marquée dans les temps historiques par la coutume qui voulait qu'une fois rejeté le conjoint roturier se voyait mutiler la face, probablement pour marquer, avec dureté, que l'alliance matrimoniale ne recouvrait pas l'alliance politique. C'est dans cette optique qu'il faut interpréter les termes respectifs de *biby* et d'*ambala* désignant le mari ou la femme roturiers d'un individu aristocrate, et qui signifient « animal » et « enclose » (litt. « dans la clôture » : *vala*).

Il faut cependant nuancer largement cette première étape du raisonnement. Si les conjoints roturiers n'étaient pas de simples géniteurs, on comprendrait mal en effet pourquoi l'union d'un aristocrate engagerait des instances politiques telles que les conseillers royaux, qui de surcroît consultent alors ce spécialiste des décisions aléatoires qu'est le devin-guérisseur du souverain *(moasy ny ampanjaka).* Aussi faut-il distinguer deux types d'alliance exogame. L'une

n'engage que la personne d'un **aristocrate donné**, que ses prérogatives autorisent à intervenir librement dans la circulation des femmes
ou, plus concrètement, à envoyer un esclave royal ou un proche
chercher le conjoint qu'il désire. Ce fut le cas de Fatoma, fille aînée
d'Amada, qui, alors qu'elle n'avait pas le pouvoir, fut mariée à un
conducteur de bœufs, Said Mohamady ; s'en sépara pour des raisons
purement privées ; puis, lorsqu'elle était responsable de la légitimité
bemihisatra, voulut le rappeler à elle simplement parce qu'elle en
était amoureuse.

Un deuxième type d'union engage cette fois l'ensemble de la
structure politique : il s'agit d'unions avec des groupes roturiers
possesseurs de hautes charges, qui sont bien plus le résultat d'une
situation de pouvoir de ces derniers que l'expression d'une volonté
de les distinguer émanant des aristocrates. C'est ainsi que, pendant
la « grande période » de domination auprès des rois des groupes
Zafindramahavita, des relations matrimoniales étroites se tissèrent
entre les deux groupes, relations qui enregistraient une nouvelle
situation politique.

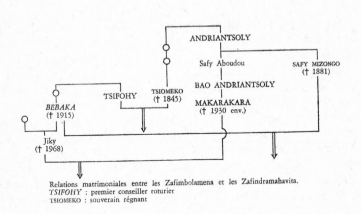

Relations matrimoniales entre les Zafimbolamena et les Zafindramahavita.
TSIFOHY : premier conseiller roturier
TSIOMEKO : souverain régnant

On voit qu'un cumul de charges coexiste ici avec des relations
d'alliance, ce qui explique d'ailleurs que les Zafindramahavita purent
assurer la continuation de leur rôle politique, étant alliés matrimo-
nialement aux Zafimbolamena en tant que groupe et non en tant
qu'individus particuliers ; et que, après la mort de Safy Mizongo,

Bebaka son ancien mari, père de Binao, ait été à l'intérieur de la capitale politique d'Ampasimena « comme un *ampanjaka* ».

On est donc ici en présence d'un exemple d'affiliation roturière des rois, affiliation conservée et même utilisée, puis abandonnée avec la perte de vitesse des Zafindramahavita au profit des groupes comoriens. On voit qu'il est des conjonctures où les aristocrates n'ont pas d'autre choix que de tenir compte de leurs affiliations roturières ; c'est d'ailleurs ce que confirme la catégorie de *fokombeta* donnée aux parents roturiers des rois, ayant en commun avec ces derniers le conjoint géniteur d'enfants chez eux, ensuite remarié. Ainsi interviennent à chaque génération des relations secondaires, inscrites dans le cadre des différentes parentèles des individus et groupe de germains, selon la prise en compte des affiliations roturières. C'est ce que montre le tableau ci-dessous, récapitulant le caractère des unions de la lignée régnante :

Noms	Nature de l'union		Prise en compte de l'affiliation roturière et aspect
	Exogame	Endogame	
Safy Mizongo	2	0	Oui. Résidentiel
Binao	1	1	Oui.
Amada	2	4	Oui. Politique et foncier
Fatoma	2	0	Non.
Ibrahimo	?	0	?
Kavy	1	1	Oui. Foncier et résidentiel
Safy Mizongo	1	0	Oui. Foncier et résidentiel
Habibo	1	?	?
Ahamady	1	1	Oui. Résidentiel
Hahaia	2	1	Oui. Résidentiel
Safy Tamo	2	0	Non.
Tsimivaty	2	0	Oui. Résidentiel et foncier
Total	17	8	
% Total	68 %	32 %	

Ce tableau concerne la lignée régnante et, comme à l'accoutumée, ne mentionne que les unions socialement reconnues ayant donné lieu à des fêtes publiques *jama* ou, plus récemment, à des prestations matrimoniales généralement de type islamique (*kofongia* ou *mahary*).

69

Il ressort de ces chiffres que si l'idéologie aristocrate ne retient pas les affiliations roturières en ce qui concerne l'ordre rituel, la perpétuation du segment concerné est largement appuyée par la prise en compte d'affiliations roturières sur le plan résidentiel et foncier. On peut prendre deux exemples :

— Amada, on l'a vu, est fils de Safy Mizongo et d'un Comorien originaire de Marodoka, Abderimane Ropa. Ce dernier fut pris en charge par le groupe royal à Ampasimena, puis enterré dans le cimetière des roturiers éminents, à l'est du village. Un fils du frère d'Abderimena Ropa, Rajiabo, a ensuite obtenu de s'installer à Andavakotoko auprès d'Amada, quand celui-ci y établit sa résidence principale ; Rajiabo fut métayer de certaines terres d'Amada à Nosy Be ; à sa mort en 1958, c'est l'un des fils de Rajiabo, Aly, qui reprit le métayage de son père. Après la mort d'Amada, les liens se sont distendus et ne se traduisent plus que par des visites au *zomba*.

— Kavy, Ibrahimo et Safy Mizongo sont enfants de Fatoma, fille d'Amada, et d'un roturier Betombo. A la mort de ce dernier, ils ont hérité de six hectares de terre plantés en café à Kongony, village Bemihisatra proche d'Ampasimena. Les terres ont été immédiatement partagées, contrairement à la part des trois enfants de Fatoma, dans l'héritage foncier d'Amada, leur grand-père maternel, toujour en indivision et géré par leur oncle maternel, Ahamady Andriantsoly.

Le principal caractère de ces affiliations est leur dispersion ; elles ne mettent en jeu, en effet, que des familles restreintes et certaines fractions des parentèles roturières, et non l'ensemble du segment issu de la lignée régnante. Après une ou deux générations, le groupe roturier originel est oublié au profit de nouvelles alliances, déterminées même au niveau des aristocrates par l'application des règles d'exogamie.

Cette dispersion des alliances roturières des aristocrates est nette dans le tableau suivant, qui établit la fréquence des alliances avec des groupes claniques résidentiels :

			%	Total
Comoriens	Anjoan	2	3	28
	Mayotte	1		
Zafindramahavita			1	6
Antandrano			1	6
Mañoroomby			1	6
Anjoaty			1	6
Merina			1	6
Zafintranovoalavo			1	6
Sakalava roturiers (clan inconnu)	R	1	1	6
	R	2	1	6
	R	3	1	6
	R	4	1	6
	R	5	1	6
	R	6	1	6
	R	7	1	6
Total			16	100

On voit qu'*aucune répétition d'alliance* n'a été pratiquée par la lignée régnante, les trois Comoriens constituant le plus fort pourcentage (Abderimane Ropa, Said Mohamed et Aly, mari de Kavy) étant de groupes résidentiels totalement distincts. Ces faits peuvent être visualisés selon le schéma suivant (les triangles délimitent les parentèles successives) :

71

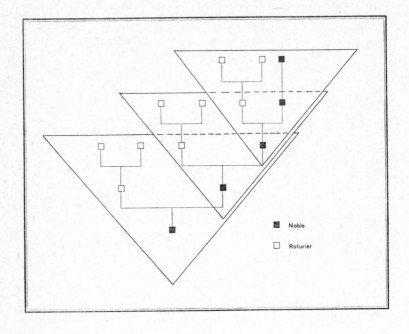

Noble

Roturier

Ce schéma montre la succession des affiliations roturières et aristocrates d'une lignée. Sur le plan du statut politique, les membres d'une
lignée aristocrate tiennent compte uniquement de celui de leurs
parents qui est lui-même aristocrate ; sur le plan résidentiel et économique, ils entretiennent par contre des liens avec leurs ascendants
roturiers directs (parents et grands-parents) ; dès que les enfants
aristocrates se marient, les affiliations roturières dont ils tiennent
compte concernent uniquement leur père et leur mère ; à la mort
de ces derniers, le groupe roturier « donneur de conjoints » est laissé
de côté au profit d'un autre. En matière résidentielle, la solidarité ou
la simple communauté est unilatérale : d'une part, les enfants d'un
aristocrate et d'un roturier résident toujours dans le groupe de
l'aristocrate ; d'autre part, il arrive que l'épouse d'un aristocrate
rompe pratiquement les liens avec son groupe d'origine pour être
intégrée dans un segment résidentiel pouvant prendre la forme d'une
famille étendue. Le tableau suivant récapitule les types de résidence
des roturiers alliés à la famille royale pendant l'union et après :

NOM DU CONJOINT ROTURIER	RÉSIDENCE PENDANT L'UNION	RÉSIDENCE APRÈS L'UNION	OBSERVATIONS
ABDERIMANE ROPA (+)	uxorilocale	avec son fils (Ampasimena)	enterré à Ampasimena
OZA (+)	uxorilocale	?	
Bemañangy (+)	virilocale		enterrée dans son groupe
Tafara	virilocale	dans son groupe	union instable
Safy Hindy	virilocale	avec ses enfants (Andavakotoko)	veut être enterrée dans son groupe
SAID MOHAMMAD	uxorilocale	dans son groupe	union instable
RAVELOMANANA	uxorilocale (groupe matrilocal de sa femme)		groupe d'origine éloignée (Tananarive)
ALY	famille restreinte		chef de canton
JAOTOMBO (+)	uxorilocale		enterré dans son groupe
BETOMBO (+)	uxorilocale		enterré dans son groupe
ARUSI	uxorilocale	dans son groupe (Anjiabe)	
? (homme)	famille restreinte		
? (homme)	uxorilocale	dans son groupe	
Marie Teta	virilocale	dans segment de son groupe	réside dans le village de son ex-mari
Teiba	uxorilocale	dans son groupe	

On perçoit ici l'intérêt que présente une vision diachronique d'un système social qui, s'il n'est pas marqué d'une terminologie crow-

73

omaha, présente un grand nombre de caractéristiques de ce dernier type : les règles d'exogamie tendent dans le cas sakalava du Nord comme dans le cas omaha à rendre, selon les termes de C. Lévi-Strauss, « les liens consanguins et alliés mutuellement exclusifs [...] sauf pour les degrés éloignés [25] ». Le groupe de descendance aristocrate ne se perpétue, en effet, ni par la pure et simple élimination des groupements roturiers ni par des alliances préférentielles avec certains d'entre eux pris organiquement, mais par une succession toujours différente d'alliances circulaires, privilégiant approximativement pour le temps d'une vie adulte des groupes résidentiels ou leurs segments qui, ensuite, n'auront plus d'autre prérogative issue de cette alliance éminente que le statut honorifique de *fokombeta,* de « parents roturiers des rois ». La véritable continuité de l'ordre aristocrate se construit dans les rapports de proximité incessante qu'entretiennent les uns vis-à-vis des autres les membres de ces segments résidentiels et n'utilise les alliances roturières que pour les détruire ensuite.

B. La perpétuation du groupe aristocrate
et les unions endogames

J'ai déjà mentionné à plusieurs reprises la notion d'union endogame. Il convient toutefois de la préciser. Elle concernait ci-dessus les unions entre aristocrates, en dehors de toute considération de résidence ; de surcroît, il faut entendre unions endogames au sens global, où le groupe aristocrate Bemihisatra et les aristocrates de petit statut qui sont écartés du pouvoir suprême, les *anadoany,* sont considérés comme s'opposant aux roturiers, très particulièrement sur le plan des rituels.

On a établi au début de ce chapitre qu'au-delà de la parenté juridique il fallait examiner l'évolution résidentielle des groupements.

C'est dans cette optique que je voudrais examiner ces unions entre individus de même statut rituel, si désapprouvées par les conseillers roturiers.

Si l'on considère la lignée régnante issue de Safy Mizongo, on peut observer que les unions endogames représentent un pourcentage non négligeable (30 %). Sur le plan des catégories politiques, elles se répartissent ainsi :

---

25. C. Lévi-Strauss, *Les Structures élémentaires de la parenté,* Mouton, Paris-La Haye, 1949, 2ᵉ éd., 1967, p. 26-27.

Catégories	Nombre d'unions	De même groupe résidentiel	De groupe résidentiel différent
Zafimbolamena	2	1	1
Zafy ny Fotsy	2	0	2
Antimanaraka (*anadoany*)	2	1	1
Marotsiraty (*anadoany*)	1	0	1

Soit cinq unions sur sept pratiquées dans des groupes résidentiels distincts. Sur le plan du statut, les enfants issus de ces unions sont considérés comme d'un rang supérieur à ceux de leurs collatéraux ; on dit d'eux qu'ils ont « reçu des honneurs » (*mahazo voninhahitry*), et des couples qui les ont engendrés que « leurs enfants seront cruels » (*masiaka zanakandrô*). Sur le plan des faits sociologiques, les mariages avec des individus originaires de groupes résidentiels différents s'apparentent étroitement, du point de vue de leurs effets, à des mariages roturiers : dès lors qu'il s'agit de la lignée régnante, les conjoints aristocrates sont coupés de leur groupe, et leurs enfants appartiennent à celui des conjoints inclus dans le segment résidentiel régnant. Ils ont le droit toutefois d'activer, pendant la période de vie de leurs ascendants proches, leur affiliation extérieure, sans jamais cependant pouvoir s'en servir pour être définitivement intégrés au groupe extérieur.

L'exemple de Solaimana, fils d'une *anadoany* Botrajoby et d'Amada, est clair. Tant que sa mère a été vivante, Solaimana a résidé à Andavakotoko. Lors de la mort de Botrajoby, il a continué à résider dans le segment résidentiel de son père, à Andavakotoko, mais a hérité d'une terre personnelle appartenant à sa mère, à Antsakoamanondro, près d'Ambanja. A peu près simultanément, les Antimanaraka du groupe de sa mère ont procédé à un partage des terres que Binao leur avait octroyées autrefois ; Solaimana, *absent,* n'a pas été compris dans le partage. Aussi n'a-t-il d'autre ressource que de continuer à entretenir des liens avec le segment résidentiel régnant de son père, étant compris dans la succession, bien que le pouvoir lui ait échappé au profit d'un de ses demi-frères.

75

L'ensemble des unions endogames entre groupes résidentiels différents offre donc, de même que les unions exogames, un caractère
conjoncturel ; elles ne créent pas de liens permanents avec la lignée
régnante, et des mécanismes résidentiels interdisent aux groupes
non régnants la conquête du pouvoir par le moyen de l'alliance.
Elles n'ont d'effet que sur le plan d'une solidarité superficielle,
tendant à conserver de bonnes relations entre des groupes s'étant
parfois, souvent sans grand espoir, « battus pour le pouvoir » (miady
fanjakaña), comme les Antimañaraka et les Zafimbolamena d'Andavakotoko à l'époque de Binao.

Si l'on considère à présent les unions endogames de la lignée
régnante dans le même groupe résidentiel, on voit qu'elles portent
sur deux cas. Le premier est un mariage délibérément politique : il
s'agit du mariage, assez unanimement désapprouvé, d'une collatérale
d'Amada, Zafy, avec ce dernier. Cette union se situe dans les années
cinquante, lorsque le frère de Zafy, Bako, alors chef de canton à
Beramanja, se sert de son pouvoir administratif pour tenter de
destituer Amada et de prendre sa place ; Amada pensait à cet égard
que l'union devait atténuer cette rivalité, Zafy étant en quelque
sorte le gage d'une entente nécessaire entre deux collatéraux ainsi
devenus beaux-frères (valilahy). Cette union ne donna pas de descendants et, dès la fin de deuil (aro-bahiny) consécutive à la mort
de Zafy, Bako, agissant es qualités et représentant son groupe résidentiel, vint immédiatement au zomba récupérer les biens personnels
de sa sœur.

Les unions endogames entre certaines lignées non régnantes sont
beaucoup plus significatives, et plus particulièrement les liens d'alliance entre la lignée de Safy Mainty et celle de Safy Aboudou :

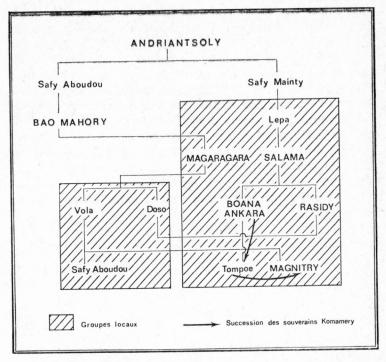

ANDRIANTSOLY

Safy Aboudou   Safy Mainty

BAO MAHORY   Lepa

MAGARAGARA   SALAMA

Vola   Doso   BOANA ANKARA   RASIDY

Safy Aboudou   Tompoe   MAGNITRY

▨ Groupes locaux   ⟶ Succession des souverains Komamery

Les relations entre les deux lignées sont inaugurées par l'adoption transitoire de Makarakara par Lepa, fille de Safy Mainty, dans le territoire de Komamery ; une fille de Makarakara, Doso, se marie avec un homme Rasidy, petit-fils de Lepa. Le contrôle de la sous-unité territoriale est assuré ensuite par une fille de Boana Ankara, Tompoe ; quand Tompoe meurt en 1942, c'est un membre de la lignée de Safy Aboudou, Magnitry, qui, en prenant le pouvoir à Komamery, s'intègre résidentiellement à la lignée de Safy Mainty. On voit que deux liens pouvant être englobés sous le vocable général d'alliance permettent en partie de dissoudre le caractère discontinu de deux lignées aristocrates non régnantes qui, si les relations matrimoniales s'étaient poursuivies, auraient pu finir par constituer un seul segment dès lors opposé à la lignée régnante et contrôlant un territoire et des terres autonomes.

Ainsi la continuité du groupe de descendance aristocrate se construit par la solidarité résidentielle de la ligne régnante entretenant avec ses lignées collatérales des rapports d'autonomie relative ; cette continuité résidentielle peut être maintenue grâce au caractère

77

conjoncturel des unions exogames comme, à un moindre degré, des unions endogames ; elle est étroitement assujettie à la passation du pouvoir en lignée directe qui s'accompagne de la gestion, par le détenteur de la légitimité, des terrains royaux indivis et du contrôle de la circulation cérémonielle. Ces deux aspects — passation du pouvoir et contrôle de la circulation cérémonielle — sont liés à l'ordre politique au sens strict et vont donc être examinés plus loin. Contrairement à des notions classiques en anthropologie sociale [26], le caractère indifférencié du groupe aristocrate ne crée pas de chevauchement des relations de parenté, les conjoints roturiers comme les conjoints aristocrates étant frappés d'une *diminutio* sociologique distinguant leurs groupes de la lignée régnante.

La hiérarchie politique modèle ainsi la forme des groupements de parenté.

---

26. Notions qui semblent remises en cause par des ouvrages récents analysant la discontinuité des groupes de parenté par rapport à des « champs sociaux » différents. Voir par exemple A. F. HANSON, *Rapa. Une île polynésienne hier et aujourd'hui*, Publications de la Société des océanistes, n° 33, trad. fr., 1972.

VII

DES STATUTS A L'IDÉOLOGIE

Ce long détour par les catégories de parenté, que nous apprend-il ? La démarche classique conduirait l'observateur au fait des derniers développements de la théorie des structures sociales lâches à trouver dans les faits résidentiels et territoriaux le noyau dur du système social sakalava : chez les nobles, c'est l'implantation dans un lieu donné qui détermine et dessine, à l'intérieur du vaste *tariky* aristocrate, l'ébauche de la hiérarchie politique ; le souverain résume par sa présence physique le contrôle territorial et donc l'ensemble de la hiérarchie sociale : c'est ce qui explique d'ailleurs le morcellement, à la suite de la colonisation, de l'ensemble de la côte nord-ouest où, autour des « cercles militaires » puis des « districts », s'implantèrent chacun pour leur part des descendants des familles royales du Nord, créateurs d'unités territoriales *(faritany)*. L'association à un lieu, qui devient une sorte de « capitale » que l'appareil colonial puis l'Etat malgache légitiment en quelque sorte en l'assortissant d'un qualifiant du vocabulaire administratif (chef-lieu de canton ou chef-lieu de district), ce qui permet ainsi à l'inverse au souverain suprême d'authentifier son rôle politique. Ce lien organique entre les faits résidentiels et l'ordre politique ne revient cependant pas à faire du critère de résidence un critère nécessaire et suffisant de fondation et de définition des groupes nobles, que la nature indifférenciée de ces derniers établie ci-dessus pourrait induire. Ce que détermine le facteur résidentiel ou territorial, ce n'est pas fondamentalement l'appartenance à un groupe, mais un découpage géographique qui constitue une sorte de projection de la hiérarchie politique. La nature générale du système social et de la hiérarchie politique montre en effet que les contrôles territoriaux exercés par l'appareil politique de la monarchie Bemihisatra sont basés sur des relations *entre des individus* qui se trouvent intégrés à des groupes politiquement pertinents par le biais de choix résidentiels ; et non pas parce qu'ils sont situés sur un territoire contrôlé par la monarchie. Or, l'acte de fondation d'une unité territoriale — l'implantation d'un membre du groupe noble ayant rang de souverain — révèle que le facteur de résidence ne peut être considéré comme tel qu'à la condition *première* du statut du souverain suprême. C'est cette image que restituent les chroniqueurs sakalava lorsqu'ils rappellent par exemple la fondation de l'unité territoriale Bemihisatra, dans les années 1850, par deux filles d'Andriantsoly : leur discours met alors en avant l'installation de la personne royale ; et aux questions relatives aux roturiers accompagnant les deux femmes, ils répondent de même par la mention de quelques roturiers éminents, sans s'attacher à décomposer l'ensemble des groupes, nombreux, qui sont alors censés invariablement accompagner la personne royale. Il s'agit là d'un schéma socio-historique récurrent, quasiment premier : c'est toujours autour des individus associés à des territoires, et non directement auprès de territoires, que l'histoire sakalava décrite par ses acteurs se déroule. Tout se passe comme si l'appareil ou la hiérarchie politique formait une ossature indécomposable, une sorte de schème fondamental renaissant par une « méiose » analogue à la multiplication des cellules, des conjonctures historiques les plus négatives, telles qu'en 1822 la prise par les armées venues des hautes terres de la ville de Majunga, centre politique des dynasties sakalava du Nord, ou, dès 1895, la colonisation et la disparition du contrôle foncier, territorial, exercé par les monarchies.

Les groupes roturiers révèlent à leur tour, au moins en ce qui concerne les générations incluses entre la colonisation définitive et nos jours, cette sorte de basse continue, obstinée, du caractère primordial du politique dans l'ensemble des relations sociales, même celles qu'une catégorisation occidentale rapide amènerait à considérer comme d'ordre familial et privé. L'analyse de la forme et des conditions de perpétuation des groupes locaux roturiers fait apparaître, au-delà des scories et des conjonctures individuelles que dessinent des marges de liberté, le rôle nécessaire d'hommes, les prêtres familiaux, astreints à imprimer au groupe local qu'ils résument et représentent les formes que la hiérarchie politique appelle et détermine. Le réseau objectif de la parenté est modelé par la considération première de la centralisation de ceux des groupes locaux considérés comme éminents du fait qu'ils sont représentés par un haut dignitaire. Cette dernière qualité est située à l'extérieur en quelque sorte du réseau des groupes de descendance et de l'alliance, parce que son obtention est liée à une procédure de choix faite par une communauté politique — le souverain et ceux que j'appellerai ci-dessous les conseillers directs (*rañitry* ou *rangahy*) — qui n'a d'autre critère qu'un ensemble de règles idéologico-politiques qui déterminent la compétence.

Ce décalage entre les conditions de reproduction des groupes sociaux fondamentaux est lui-même déterminé, en première analyse, par l'absence d'assujettissement du système social et de la hiérarchie sociale à la hiérarchie politique. Sur le plan matrimonial, on a constaté en effet qu'il était impossible pour n'importe quel groupe local de rester en relation matrimoniale constante avec un autre. L'inversion et le changement perpétuel d'alliance impliquaient de ce fait ce que j'ai appelé, à la suite de P. Ottino, un asservissement de l'alliance au principe de descendance, la circulation des conjoints n'intervenant pour les groupes de haut statut et pour les nobles quasiment qu'en tant que condition de perpétuation biologique, et non sociale. Il est ainsi impossible qu'un souverain choisisse un conseiller parce que le groupe noble est organiquement allié à un groupe roturier, puisqu'il sait qu'en une durée d'une à deux générations l'alliance politico-matrimoniale ainsi construite s'évanouirait devant la multiplication des liens consanguins déterminés par la grande extension des parentèles sakalava. A l'inverse, tout semble d'ailleurs indiquer qu'entre membres de la hiérarchie politique l'alliance soit fortement désapprouvée, de même que le cumul de charges politiques au sein d'un même groupe local[1]. Dans ces conditions, la hiérarchie sociale ne détermine qu'à titre extrêmement large, et de ce fait peu significatif, la hiérarchie politique. Cette dernière ne saurait ainsi être dessinée autrement que par le moyen de schémas d'ordre idéel qui soutiennent le choix, synchronique, fait dans le cas d'un premier conseiller par le souverain. Il s'avère par contre que, dès l'instant où un premier conseiller est choisi, l'ensemble du groupe local à qui

---

1. En 1957, le souverain Amada prétexta l'union entre deux responsables du tombeau royal d'Ambalarafia pour tenter de les exclure. Il s'agissait, disait-il, d'un « inceste vis-à-vis du pouvoir » (*antambo amin'ny fanjakaña*).

il se rattache se trouve ainsi « poussé » dans une position privilégiée. Dès lors, si l'on envisage une séquence diachronique type, des mécanismes *effectivement liés aux faits de résidence* interviennent dans la perpétuation d'ordre conjoncturel comme on va le montrer, et non structurel. Un premier conseiller (*manantany*) a à connaître toutes les affaires de la monarchie ; ses corésidents sont donc à cet égard en position privilégiée et, au sein des roturiers non impliqués dans le réseau institutionnel, c'est parmi eux que l'information circule d'abord.

Les interactions constantes entre le prêtre familial et ses corésidents déterminent ainsi à leur tour de grandes probabilités positives pour que le successeur se trouve dans le même groupe local, à moins que le souverain décide selon des critères purement politiques de rompre l'alliance ébauchée, en désignant son *manantany* dans un autre groupe local. On se trouve alors devant un triple niveau, de nature dialectique, unissant structure résidentielle, structure politique, reproduction du savoir social. Ce dernier terme apparaît, en effet, « en creux » dans les liens unissant les membres de l'appareil politique : la compétence des hommes au pouvoir dans les monarchies sakalava est directement liée au savoir historique et social pour des raisons évidentes et, d'autre part, pour des raisons tenant à certains traits spécifiques de la structure politico-idéologique. La nature essentiellement orale de ce savoir implique que sa transmission soit fonction du plus grand nombre d'interactions possibles entre individus. Ainsi, si l'on veut bien me pardonner ce jargon, la synchronie des rapports politiques « injecte » de la diachronie dans le système social. Car d'un côté, pour être souverain, il faut résider quelque part et avoir des conseillers roturiers dont la compétence dépend ensuite de leur environnement résidentiel ; or, ce que l'on pourrait nommer ainsi du point de vue des responsables politiques sakalava, la « qualité » de ce dernier dépend à son tour d'un choix politique fait auparavant, lequel était lui-même déterminé par des faits de compétence. Le noyau irréductible de ce manège des déterminations successives réside dans cet acte « fondateur » conduisant à légitimer ou à choisir comme corésidents des individus de même *tariky,* fussent-ils normalement exclus, en qualité de « fils des femmes », d'une telle appartenance. Car, ainsi qu'on l'a montré, la corésidence détermine l'activation d'une appartenance clanique, le statut social, l'ensemble des faits institutionnels dont l'entrecroisement définit la personnalité sociale sakalava. Dès lors qu'il s'agit d'un groupe de haut statut, l'admission d'un individu et d'une lignée déborde le champ social apparent qui la définit, à savoir la parenté prise dans son acception résidentielle. Dans un acte individuel — le prêtre familial ne s'oppose pas à ce que le segment de résidence auquel il appartient sorte le nouveau-né de la maison où il était reclus avec sa mère — se joue l'ensemble de l'ordre politique. C'est de cet acte initial, qui est une transgression de l'idéologie agnatique présente chez les roturiers de tous niveaux, que proviennent les conditions les plus larges de l'exercice du pouvoir politique dans le futur et non pas, certes, de la sûreté de son exercice. C'est précisément parce que la politique matrimoniale des groupements est d'ordre probabiliste et aléatoire que, pour « ne pas perdre l'ancestralité » *(tsoh' mahavery ny firazañana),* le responsable d'un groupe local de haut statut en « maximise » les effectifs, donnant ainsi du poids à son groupe en même temps qu'il en augmente, dans les limites d'une capacité de support variable selon les conditions écologiques, l'importance foncière. Ainsi, comme l'a fortement remarqué M. Augé, il n'y a aucune raison de penser que la parenté soit considérée comme infrastructurelle en tant que telle. Dans le cas des roturiers sakalava, elle est inséparable de représentations de l'ordre politique et de sa médiation, la territorialité. Dans l'acte fondateur qui la constitue, *la légitimation de choix résidentiels,* c'est une pratique idéologique qui est en jeu.

Transgression légère et admise dans le cas des roturiers de haut statut, la transmission indifférenciée du statut est institutionnelle chez les nobles. Ainsi, c'est en quelque sorte le fait même d'être noble qui constitue la représentation permettant la reproduction du groupe noble : et donc, quasi nécessairement, une référence à l'histoire sakalava qui, dans une sorte de schéma cumulatif, donne à la qualité de noble sa réalité et sa permanence au fur et à mesure du développement des générations, mortes et vivantes. C'est d'une certaine manière la quantité poussée à sa limite qui fonde ainsi la qualité. On verra plus loin comment cette sorte de tautologie insistante de la couche dominante sakalava est pensée dans les aspects les plus évidents de la charge de souverain suprême *(ampanjaka be)* qui résume, ou qui au moins veut résumer, l'ensemble du groupe de descendance noble vivant appartenant à l'unité territoriale. D'emblée, il est remarquable qu'on ne puisse décrire entièrement le statut nobiliaire sakalava sans se référer à des faits extérieurs à la parenté qui, toujours associée à la résidence, forme cependant le cadre premier du statut aristocrate. Ce sont des vérités d'évidence qui forment les constatations à partir desquelles une analyse du groupe noble doit s'articuler. D'une part, alors que, selon les conjonctures historiques, les groupes roturiers — fussent-ils de haut statut — changent, l'aspect le plus évident du statut du groupe *ampanjaka* est qu'il n'est équivalent à aucun autre ; à sa continuité diachronique — les nobles bemihisatra actuels disent descendre du premier souverain sakalava qui leur est connu, Andriamandisoarivo — répond ce que l'on pourrait nommer son unicité synchronique. Le groupe noble n'est qu'*opposable*. Il est ainsi peu surprenant qu'on trouve dans sa définition une sorte de démarche essentialiste qui caractérise, dans la pensée sakalava comme dans les faits, le groupe des *ampanjaka* dans l'absolu, par référence à des privilèges notamment d'ordre rituel et « religieux » : le contrôle de tombeaux royaux *(mahabo)* permanents, la capacité d'habiter les roturiers après la mort par la médiation de la possession.

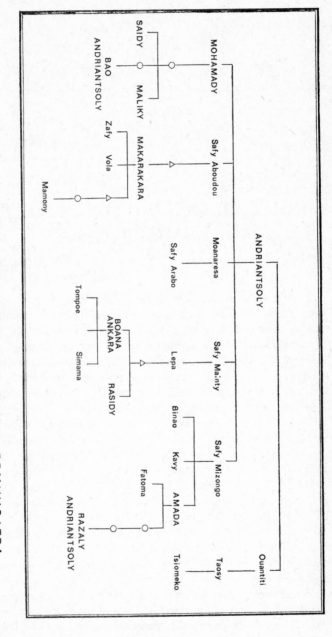

LES MORTS ROYAUX DES TOMBEAUX BEMIHISATRA

(Diagramme simplifié)

VIII

L'IDÉOLOGIE : DES MORTS
IMMORTELS

A propos de la mort, c'est trop peu dire que les faits abondent chez les Sakalava du Nord : les morts médiatisent l'ensemble des actes sociaux et la hiérarchie politique ; ils représentent une menace perpétuelle sur la paix établie entre eux par les vivants, sur leur santé physique, sur leur équilibre affectif. Leurs interventions sur les vivants, dont le bien-fondé est déchiffré par les devins (*moasy*), donnent lieu à cette « logique du malheur » dont M. Augé fait l'une des pièces maîtresses de l'idéologie des sociétés de basse Côte-d'Ivoire. Les croyances à l'existence des morts ou au moins à leur pouvoir d'action sur les vivants forment chez les Sakalava du Nord un fait premier : aucune causalité supplémentaire autre que circulaire ne vient étayer cette croyance. Pour peu que l'on tente d'obtenir des explications sur les preuves de l'existence posthume des morts, on est ramené précisément à la vision persécutive d'événements inexplicables sans faire appel à cette conception : la mort répétée d'enfants ou de proches, la pauvreté, la maladie inguérissable. De même qu'au plan politique la hiérarchie est un fait premier, de même la mort est hiérarchique et donc l'existence posthume : on ne meurt pas de la même manière chez les Sakalava selon qu'on est noble ou roturier, et au-delà de la mort on ne subsiste pas de la même manière. Les morts royaux d'une unité territoriale sont les morts de tous : enterrés dans les enceintes carrées des tombeaux royaux, ils font l'objet de prestations cérémonielles régulières de la part des roturiers, selon des règles rituelles qui ont notamment pour caractère de faire intervenir alors l'ensemble des catégories socio-politiques sakalava. C'est au prix de cette entreprise perpétuelle qui ressemble au paiement d'une dette jamais assainie que les morts royaux laissent les vivants en paix.

PRINCIPAUX TOMBEAUX ROYAUX SAKALAVA - BEMIHISATRA

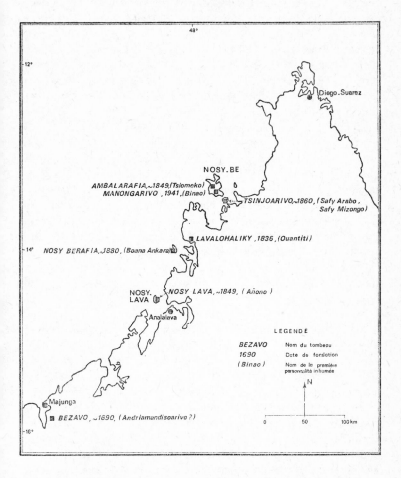

La forme prise par les tombeaux royaux *(mahabo)* définit au même titre que la possession *(tromba)* l'état nobiliaire sakalava par opposition aux gens du commun. Alors que les cimetières roturiers, qui correspondent aux groupes locaux, sont délaissés dans le mouvement de multiplication puis de segmentation et d'oubli de ces derniers, aucun tombeau royal sakalava depuis la fondation de la dynastie n'est oublié — ou, au moins, telle est la croyance première qui fonde la permanence des tombeaux royaux, massivement marquée dans les faits par leur taille, la complexité des rituels qui leur sont liés, l'existence d'une population permanente d'esclaves royaux (Sambiarivo) chargés de veiller sur eux et sur les possédés qui résident auprès d'eux. Ainsi, le long de la côte nord-ouest, les *mahabo* donnent silencieusement à lire la naissance, le développement, la dispersion des groupes royaux sakalava : *mahabo* des alentours de Majunga, Bezavo, considéré comme la source des tombeaux sakalava par les gens du Nord ; tombeau de Mahabibo à Majunga, où sont conservées les reliques des deux fondateurs des dynasties du Nord, et qui fit l'objet d'un long procès opposant les deux segments dynastiques Bemihisatra et Bemazava pour son contrôle dans les années soixante, procès émaillé de morts et d'interventions politiques ; tombeau de Lavalohaliky perdu dans une presqu'île touffue au-dessus d'Analalava, où reposent les dernières reines sakalava de l'époque historique, Ouantiti et Taossy ; tombeau de Nosy Lava, qui rappelle la lignée des gouverneurs politiques d'Analalava ; *mahabo* de Nosy Berafia, où repose un descendant d'Andriantsoly, Boana Ankara, assassiné par des conseillers à la solde des militaires merina établis à Anorotsangana ; enfin, les trois *mahabo* de Nosy Be et de Nosy Komba, Ambalarafia et Manongarivo à Nosy Be et Mitsinjoarivo à Nosy Komba, où se répartissent les morts royaux Bemihisatra du Nord selon un ordre qui rappelle, inscrit sur le sol, les rapports de solidarité relative qu'ils entretinrent à l'intérieur du groupe de descendance.

Si les *mahabo* donnent à lire l'histoire, ils permettent aussi de lire la structure, ou au moins les catégorisations essentielles qui définissent en première approche les traits de la structure politique et sociale. A l'observateur consciencieux mais pressé, il suffirait d'assister à une cérémonie (un service : *fanompoaña*) aux tombeaux royaux et de s'informer sur la qualité des actes rituels, des acteurs et des préalables de la cérémonie pour connaître l'ensemble des règles institutionnelles sakalava. Il pourrait entreprendre son enquête par l'espace social caractéristique des tombeaux, l'enceinte associée au village qui l'entoure sur trois côtés, dont l'ensemble fournit une impression régulière d'étouffement et de domination de l'enceinte, surélevée, sur le village en contrebas. L'enceinte en gaulettes épointées et entre-croisées *(sisiky)* rappelle les palissades entourant les groupes locaux des villages ; elle délimite un espace qui n'est accessible qu'à des dignitaires rituels, permanents ou transitoires, recrutés dans ou hors des villages des tombeaux. L'emplacement des tombes, qui à Manon-garivo et Ambalarafia sont cimentées, reflète l'opposition des sexes associés aux directions cardinales (nord : mâle / sud : femelle), ainsi que l'opposition entre *ampanjaka be* (souverain régnant) et *jado* (membres résidents du groupe de descendance noble, mais non régnants) ; l'architecture des mausolées, rectangulaires et stricts à Ambalarafia, ornés de frontons en volutes de style islamique à Manongarivo, rappelle le caractère « purement sakalava » de la première reine enterrée dans l'un, Tsiomeko, alors qu'elle indique l'islamisation quasi totale des morts royaux de Manongarivo, notam-ment Binao et Amada. Auprès de la grande enceinte, réunis dans la grande construction ouverte *(fantsina),* sont les possédés royaux *(saha)* ; adossé à la façade est qui est la direction des morts, ils font face aux suivantes tels des acteurs à peine sortis d'une repré-sentation, ils représentent les morts royaux, ils sont les morts royaux dont ils manient les cannes et portent les vêtements, dont ils arborent les fez rouges et les vareuses blanches de coupe militaire qu'affec-tionnaient les dignitaires sakalava des années vingt. Autour d'eux et sur eux croulent les dentelles et les tissus de prix *(gora, dalahany)* qui servent aussi de linceuls. Adulés, entourés par des suivantes *(marovavy)* et des conseillères *(bemañangy)* qui les saluent de chants associés à chacun d'entre eux, ils feignent de les récompenser et de leur rendre hommage en devenant, sous le tissu qui soudain les dissimule lors d'une transe/rêve *(enjiky),* le mort qui les habite *(mipetraka amindrô).* Au tout début de la cérémonie, avant même que les acteurs soient tous présents, très tôt le matin lorsque la cérémonie est diurne, un groupe de femmes et d'hommes dont l'un est porteur d'une assiette de porcelaine blanche *(sahany)* s'assied à même le sol sarclé, dans l'alignement de la porte, les mains en coupe portées par les avant-bras repliés à hauteur de la taille : ce sont les représentants de la communauté du village des tombeaux royaux, des Sambiarivo ; ils « avertissent » *(mifantoko,* en langage monarchique) les morts royaux de la tenue du service et les prient, selon les termes communs à toutes les adresses aux morts sakalava, de les « laisser dans la fraîcheur » *(mañambila nintsynintsy),* c'est-à-dire de ne pas les toucher *(mahavoa)* par une sanction surnaturelle *(tigny)* qui punirait une faute rituelle accomplie lors de la cérémonie. L'observateur assisterait ensuite à l'arrivée des dignitaires extérieurs et, pour les qualifier, il pourrait entendre parler des « gens des vivants » *(olo ny manoro)* ou des « gens de la résidence royale » *(olo ny doany)* ; il assisterait à la préparation du rituel, dont le déroulement serait discuté conjointement par les arrivants et des hommes émergeant des cases Sambiarivo en contrebas ; il verrait des femmes aux tresses dénouées converger vers l'espace situé au-devant de la porte de l'enceinte et ramasser de légères badines dont il apprendrait qu'elles symbolisent les sagaies *(saboha),* insigne de la royauté, qui rappellent l'origine guerrière des monarchies sakalava. Il observerait ces femmes s'aligner en se répartissant autour d'une ligne idéale passant par l'axe de la porte des tombeaux et, en même temps, il entendrait peut-être un crieur appeler les Sakalava disséminés dans le village : « O les gens du Nord *(Antavarabe)* ! ô les gens du Sud *(Tsimania)* ! » L'observateur pourrait alors voir des groupes, beaucoup plus nombreux que lors de l'adresse matinale aux morts, hommes, femmes et enfants, se réunir à nouveau devant la porte et, s'il était assez près, il pourrait entendre un dignitaire de l'extérieur répéter dans ses grandes lignes les termes de l'adresse aux ancêtres déjà entendus auparavant ; peut-être, s'il s'agissait d'une grande cérémonie, d'un « grand travail » *(asa be),* pourrait-il observer la lutte d'un bœuf contre plusieurs hommes, la défaite de la bête entravée, les cornes fichées en terre afin de faire saillir les veines de la gorge, tranchée par un musulman en robe blanche, deux femmes recueillir le sang qui servirait plus tard à oindre les tombes ; il apprendrait que ces femmes appartiennent à la catégorie clanique Jingo, que l'une est originaire des tombeaux royaux et que l'autre est d'origine extérieure. Le son des tambours royaux, des « bois mâles » *(hazolahy),* aurait retenti bien auparavant ce regroupement ; mais il prendrait alors un relief plus net, soutenu par les plaintes de la conque marine *(antsiva),* et sur eux viendrait s'imposer le rythme cyclique d'un chant, répétant inlassablement les termes : « Trongay, le maître des esclaves » *(trongay magnindevo),* qui marque le moment culminant et intense des rituels royaux. Il verrait un homme de la communauté des tombeaux oindre du majeur le visage des hommes et des femmes qui se présenteraient à lui, séparant leur visage à partir du front jusqu'au nez d'une marque blanche évoquant le casque d'un chevalier teutonique ; il apprendrait qu'il s'agit là d'une méditation à base d'argile blanc *(tany fotsy)* délayé d'une eau de source, d'une eau courante, qu'elle est nommée *tsintsoraka* ou *antsaolanàna* et qu'elle protège des agressions surnaturelles, des « qui-rend-brûlant » *(mahamay)* ; qu'elle a été préparée sur l'ordre de possédés faisant fonction de devins, d'origine extérieure aux tombeaux royaux.

Ce n'est donc pas un abus de langage que de dire que tout tourne autour des morts royaux. Les notations ethnographiques précédentes permettent d'énumérer, dans le courant d'une seule cérémonie, les principaux traits d'un système institutionnel qui, autrement, ne se révélerait qu'à la suite de longues enquêtes séparées auprès de personnages isolés, ici liés les uns aux autres dans des configurations spécifiques, qu'orientent et définissent des objets concrets, les enceintes funéraires : il vaut en effet de remarquer que non seulement les corps des morts royaux sont orientés par rapport aux directions cardinales, mais qu'à leur tour ils définissent une des principales oppositions utilisées dans les rituels funéraires. Les responsables rituels chargés de nettoyer les caveaux funéraires *(zomba faly)* sont divisés entre « gens des pieds » *(an-pandihaña)* et « gens de la tête » *(an-kabeso)*.

Les cérémonies autour des tombeaux royaux, les tombeaux eux-mêmes dans l'ordre organisant leur existence concrète, apparaissent ainsi comme une accumulation de catégories et de symboles qui juxtaposent, dans le « rapetassage minutieux[1] » des rituels dilués dans des conditions normales dans le discours des informateurs, les cycles longs de la vie sociale quotidienne. Tout se passe comme si les morts royaux, que le vocabulaire monarchique nomme *raha sarotro* (choses dangereuses et précieuses), constituaient une grille permettant d'ordonner et de lire non pas l'ensemble de la structure socio-politique sakalava, mais ce que l'on pourrait nommer les chaînons idéels premiers qui permettent de la penser.

Récapitulons. Une hiérarchie sociale nommée : nobles et roturiers obtiennent leur statut par descendance. Alors que ceux-ci sont soumis selon des niveaux hiérarchiques à l'application de la règle de recrutement agnatique et patri-virilocale, les nobles impriment à leur groupe un fonctionnement indifférencié. On s'aperçoit que si certains groupes roturiers de haut statut transgressent l'idéologie agnatique, c'est précisément du fait de leur statut et que, de la même manière mais encore plus nettement, si tout enfant de noble est noble lui-même quelle que soit l'affiliation dont il reçoit cette qualité, la

---

1. L'expression est de C. LÉVI-STRAUSS, *L'Homme nu,* Plon, Paris, 1971, p. 603.

légitimité de cette transmission réside dans un raisonnement tauto-logique, exprimé lui aussi dans les catégories locales : c'est l'apanage des nobles sakalava. Aux questions sur les rituels, d'une naïveté déli-bérée : « Pourquoi *(magnino)* utiliser les tambours (la terre blanche, les tresses dénouées) ? », qui auraient souhaité des réponses rappor-tant les faits monarchiques évoqués à d'autres faits culturels, les réponses furent toujours de l'ordre : « C'est là leur coutume » *(fombandrô zegny)* ; « c'est là ce qui les fait rois » *(zegny mahaam-panjaka irô)* ; ou encore, plus nettement : « Les choses du pouvoir [royal] ne doivent pas être semblables à celles des roturiers » *(tsy mila miramira ny raharaham-panjakaña amin'ny raharaha olo vohitry ty)*. Cette uniformité des explications des Sakalava, fussent-ils les plus compétents — spécialistes rituels ou membres de l'appareil monarchique —, pouvait être comprise de différentes manières : on pouvait penser notamment que l'absence d'exégèses tenait à l'appli-cation automatique de règles rituelles à la forme connue, mais au contenu oublié ; c'était là reléguer les monarchies du Nord dans l'archaïsme. Cette interprétation toutefois entraînait des paradoxes trop abrupts pour ne pas être tenue à distance : comment les Saka-lava pouvaient-ils obéir à des rituels si le symbolisme sous-jacent, les taxonomies qui en forment l'ossature, la sève, étaient absents ? On ne produit pas des rituels, fussent-ils affaiblis ou décrépis, sans en avoir besoin d'une *manière* ou d'une autre. Ce dogme d'une obéissance automatique aux rituels était d'autant moins vraisemblable que les mêmes spécialistes *(ampitantara* [2]*)*, placés dans une situation concrète lors d'une cérémonie, n'hésitaient pas devant les gestes à accomplir ; qu'alors ils manifestaient une connaissance partielle du fonds idéal réalisé dans les rituels, fonds qui n'apparaissait jamais totalement. Ainsi la vérité des rituels royaux n'apparaissait sous une forme claire à aucun moment de leur discours, elle était située quelque part à l'extérieur d'explications culturelles particulières, à l'extérieur de la démarche d'observateurs sakalava prêts à une analyse aussi fouillée que leur permettait leur savoir, mais jamais enclins, voire répugnants, à un exercice synthétique totalisant hiérarchie sociale et rituels ; et encore aurait-il fallu qu'ils distinguent ces deux der-nières catégories, séparées ici pour les besoins de l'exposé et en fait étroitement imbriquées l'une dans l'autre, comme ce texte tend à le montrer.

---

2. C'est-à-dire les raconteurs. *Tantara,* mot d'origine sanscrite d'après S. B. Thierry (1967), désigne les explications étiologiques, les mythes (par opposition aux contes : *angano),* le discours « vrai » *(marigny)* sur le social.

Continuons cet exercice de récapitulation. Ce qui légitime l'état nobiliaire, c'est l'histoire, la conscience constamment réaffirmée du groupe noble de pouvoir être lié par une chaîne généalogique considérée comme continue aux fondateurs, entourés d'un halo mythique, des dynasties du Nord, à ces dieux sur la terre (*zañahary-an-tany*) que furent Andriamisara et Andriamandisoarivo ; c'est, plus près de nous, la place de premier plan tenue dans les périodes troubles et syncrétiques de la colonisation par les souverains-gouverneurs, ce sont les biographies et les actes marquants des membres de la famille royale. Aucune distance, au niveau du groupe noble, entre structure et histoire : car les rituels royaux renvoient à la définition du groupe noble, qui se réfère à l'histoire. Tout se passe comme si, à chaque coupe synchronique faite dans l'évolution structurelle des groupes royaux, c'était toute l'histoire sakalava qui était présente : non pas une histoire réelle foisonnante, dont de toute façon la réalité n'est jamais autre que culturelle, arbitrairement délimitée [3] ; mais une histoire pensée et repensée, épurée, dépouillée de ses scories, une sorte d'histoire « mythique » au sens technique du terme, axée sur les « aspects les plus contrastés » d'une réalité socio-historique fuyante, une histoire officielle coexistant avec les lambeaux d'information historique, multiples et contradictoires, que les Sakalava prennent pour anecdotiques d'être racontés, indignes, voire dangereux [4].

Ainsi les nobles sakalava, groupe de descendance unique, se définissent-ils doublement par les rituels qu'ils monopolisent et leur histoire ; mais leur histoire, c'est la succession de leurs morts, et leurs rituels, c'est autour de leurs morts qu'ils s'organisent. L'histoire est inséparable des personnalité qui l'incarnent et la résument, de même que les organisations socio-politiques, prises dans une acception synchronique, sont d'ordre interindividuel ; et ce sont ces personnalités mortes qui ordonnent des rituels. Le « silence » des explications sakalava sur les rituels royaux trouve sa vérité dans l'existence concrète

---

3. « Le fait historique n'est pas plus *donné* que les autres ; c'est l'historien ou l'agent du devenir historique qui le constitue par abstraction et comme sous la menace d'une régression à l'infini » (C. LÉVI-STRAUSS, *La Pensée sauvage*, Plon, Paris, 1962, p. 340).

4. Chez les informateurs notamment les conseillers Sambiarivo des *mahabo* réputés en la matière, le savoir historique se limite souvent volontairement à l'énumération d'une chaîne généalogique : « Andriamandisoarivo a enfanté (*niteraka*) Andrianamboeniarivo ; Andrianamboeniarivo a enfanté Andrianagnilitriarivo ; grand-mère d'Andriamañavakarivo (...) ». Au-delà du secret qui préside à la délivrance de connaissances historiques actuelles ou récentes, de tels schémas montrent malgré eux ce qu'il est convenable, dans les modèles locaux, d'appeler l'histoire.

des tombeaux royaux et de l'ordre des morts qui, comme on va le voir, forment une véritable *organisation,* nommée. Les tombeaux royaux s'insèrent dans ce « blanc » du discours, c'est eux et les possédés royaux dont l'existence institutionnelle « parle » le chaînon manquant des explications des spécialistes rituels, qui ne feraient que la redoubler : la mort, c'est la brique manquante qui cimente l'idéo-logique sakalava.

CLASSIFICATIONS SPATIALES
AUX TOMBEAUX ROYAUX

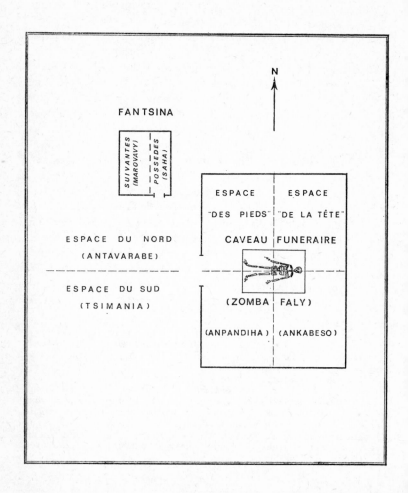

IX

MORTS ET VIVANTS

Un problème classique de la théorie anthropologique s'est long-temps exprimé dans l'opposition entre anthropologie culturelle et sociale, entre les différentes acceptions données aux termes « culture » et « société », selon que l'on considère les faits sociaux au niveau des individus ou extérieurs à eux. Les conceptions sakalava de la mort réfractent le même problème, transposé. La mort est un événement physiologique et individuel : quel que soit le statut d'une personne qui meurt, c'est toujours un organisme qui cesse de fonctionner. Si collectif, social, soit l'événement de la mort, comment prêter à des sociétés spontanément « naturalistes » un aveuglement sur le carac-tère objectif de cette agression physique définitive ? Pourtant, l'idéo-logique sakalava se prête, selon les rangs sociaux, à une sorte de jeu projectif qui ressemble à ces dessins ambigus utilisés en psychologie, selon qu'on en considère comme signifiantes les parties noires ou blanches. Il n'est sans doute pas possible, actuellement, de trouver chez les Sakalava du Nord une théorie de la personne et/ou de l'individu qui soit clairement formulée. Il est possible qu'elle soit réalisée entièrement dans l'élaboration d'un thérapeute, possédé ou devin. Il n'en reste pas moins que le rôle joué par les cadavres et la matérialité de la mort appelle une telle théorie. Faut-il cependant penser que cette théorie centrale, implicite, est extérieure à la hié-rarchie qui « l'utiliserait » ? Ou, au contraire, que la pensée sakalava de la hiérarchie, soutenue par les conceptions de la mort, considère qu'être noble ou roturier implique des différences physiologiques constitutives ? Il est clair en tout cas que des remarques éparses mais insistantes donnent un relief particulier à l'aspect physique des personnes, et notamment des nobles, et que jusqu'à récemment certains segments de parenté nobles s'attachaient, lorsque leur peau était claire, à la protéger des atteintes du soleil ; et, au-delà de la valorisation implicite de la blancheur et de la « clarté », à conférer ainsi à leur personne un statut différenciel.

Pourtant, les effets physiques de la mort paraissent interprétés de la même manière chez nobles et roturiers. Le schéma idéal premier qui sert à « penser » les cadavres, c'est l'opposition, d'ailleurs célèbre dans le monde insulindien, entre les parties non pourrissables (les os, les ongles, les cheveux et les dents) et les parties pourrissables (*lio* : le sang et, par extension, la chair). Cette même opposition sert, plus ou moins clairement, à formuler une théorie de la procréation : les hommes fournissent les os à l'enfant et les femmes fournissent la chair. Chez les nobles comme chez les roturiers, le contact avec les cadavres est objet de pollution (*fañasaha*) : ce fait est notamment marqué par la nécessité de se laver après un enterrement avec du miel cuit sans changer d'état (*barisan-pandrama* : litt. alcool de miel). Le pourri (*motraka*) est cependant, dans l'idéologie et non dans le vécu concret, la source de la pollution. Cela est clairement marqué par l'association aux parties des cadavres qui ne pourrissent pas de concepts marqués positivement : la propreté (*fidiovaña*) et son équivalent associé, la « sainteté » (*masigny*). Ce dernier terme est absolument central dans toutes les hiérarchies malgaches, sous différentes formes : il désigne en effet non seulement ce qui est « propre » au sens symbolique du terme, mais ce qui dure, qui résiste, et en dernière analyse la force politique prêtée aux détenteurs du pouvoir, dans la mesure où les nobles passent, comme on va le voir, pour être dépositaires d'une efficacité religieuse liée à leur pureté. Ainsi que l'a remarqué H. Lavondès dans un article de 1963 [1], la notion de *masigny* ou *masina* s'étend d'ailleurs à ce qui fonctionne en général, qui est conforme à sa fonction désignée : il citait ainsi les paroles d'un interlocuteur sakalava, Masikoro du Sud-Ouest, qui, après avoir réparé sa bicyclette, lui disait qu'elle était *mbola*

1. H. LAVONDÈS, « Magie et Langage : notes à propos de quelques faits malgaches », *L'Homme. Revue française d'anthropologie,* vol. 3, n° 3, 1963, p. 109-117.

masina, à nouveau efficace. Le champ sémantique du terme *masigny* est « surchargé », pour ainsi dire ; il n'est pas impossible qu'une enquête systématique révèle à son propos une importante extension à des champs sociaux inattendus. Les conceptions premières vis-à-vis des cadavres semblent donc partagées par les deux niveaux principaux de la hiérarchie sociale. Tout cadavre est dangereux : actuellement, aucun Sakalava quel que soit son statut n'oserait se promener sans raison précise et seul auprès d'un cimetière, qu'il soit royal ou rotu-rier ; tout se passe comme si, cependant, les dépouilles des morts royaux accumulaient une sorte d'excédent de danger. Dans le voca-bulaire monarchique, elles sont nommées *raha sarotro* (choses pré-cieuses/dangereuses, difficiles). L'ambiguïté du terme *sarotro* est connue dans la vie courante. *Sarotro* signifie « coûteux » dans les échanges économiques, mais également « difficile » à réussir. Cette ambiguïté est marquée immédiatement dans leur devenir le plus concret. On a vu que ce qui caractérise les dépouilles royales, c'est que leur localisation spatiale, leur souvenir, ne disparaît jamais. On voit qu'une alternative se pose : car on pourrait penser que les nobles, se différenciant par la permanence de chacun des individus qui composent leur groupe, permanence qui sur le plan idéel est un fait constitutif et fondamental, développent vis-à-vis de la mort, qui est une disparition absolue et donc la négation absolue de ce que les *ampanjaka* pensent d'eux-mêmes, une sorte d'effort symbo-lique destiné à combler ce vide constamment renouvelé que la mort crée dans leurs rangs.

Mais ne s'agit-il pas d'une explication suspecte ? Les nobles saka-lava se justifieraient ainsi d'affirmer leur permanence politique en imposant de manière volontariste la permanence, d'abord concrète, de leurs morts. Mais on a vu que la conception relative à la perma-nence des morts est commune aux roturiers et aux nobles. Sur ce plan, le statut différentiel des morts royaux ne consiste pas d'abord à durer, il consiste à faire tendre leur durée vers l'infini, alors que la durée d'existence des morts roturiers se limite à la permanence résidentielle, sur quatre à cinq générations, des groupes locaux. A exprimer ainsi la spécificité des morts royaux, on ne fait que redou-bler le modèle local de la hiérarchie projeté dans les conceptions de la mort.

Or, de la même manière que les morts royaux paraissent ainsi pourvus de qualités supplémentaires, la transformation d'une dépouille royale en mort « propre », si j'ose dire, c'est-à-dire dont les os ont été nettoyés, présente des caractéristiques « excédentaires » par rapport aux dépouilles roturières : les morts royaux sont en situation d'asymétricité dans les rituels comme dans leur efficacité posthume. En effet, alors que les morts roturiers sont — ou étaient, car les longs préparatifs sur les cadavres sont désormais interdits par l'Etat — apprêtés par les roturiers de leur famille proche, les morts royaux sont transformés par des roturiers exclusivement, des interdictions rigoureuses empêchant leur contact aux nobles vivants et particulièrement au souverain régnant. Mais, répétons-le, rien ne paraît devoir constituer dans le discours sakalava l'apparence d'une différence de nature physiologique entre nobles et roturiers. Aussi c'est sans doute poser une question non pertinente que de se demander si la tautologie qui justifie la dominance des nobles peut être réduite par une référence à des conceptions qui formeraient une sorte de schéma premier dans l'idéologie sakalava relative à la mort ; car, dans le modèle local, un noble n'est pas d'une part un possesseur possible du pouvoir, et d'autre part, après sa mort, un fantôme qui vient habiter des vivants peut punir leurs transgressions : il est tout cela indissolublement. Impossible d'expliquer dans les modèles locaux la hiérarchie par la mort : elles se renvoient l'une à l'autre. On va voir que la mort ne justifie pas la hiérarchie : elle la parle véritablement. C'est dire qu'au travers des rites et du discours sakalava il est impossible de trouver un concept de mort, c'est-à-dire un champ sémantique séparable des manifestations concrètes à qui il ferait référence. Il n'y a pas la mort, mais *des* morts : au caractère singulier, opposable, des nobles sakalava s'associe l'excédent de danger des morts royaux. Tel paraît être le dernier chaînon auquel l'observateur puisse remonter dans son exploration de l'idéo-logique sakalava : ce qui justifie l'état de noblesse, c'est la sainteté/efficacité des morts royaux qui précèdent, porteurs de pouvoir d'action sur les vivants.

X

L'IDÉOLOGIE INCARNÉE :
LES POSSÉDÉS ROYAUX

La vérité d'un système de pouvoir paraît toujours relever de choix collectifs, inconscients, élaborés à partir de « matériaux rigoureusement identiques », et susceptibles de donner à tout moment une assise aux comportements sociaux pour peu que l'on aille jusqu'au bout de leurs implications, même implicites. Les nobles sakalava paraissent avec leur rhétorique de la mort et des morts, dont la permanence est exaltée, se battre avec l'évidence naturelle de la mort des porteurs du pouvoir, qui constitue un défi permanent aux conceptions locales. L'appareil politique sakalava du Nord se fonde sur le caractère privilégié de relations synchroniques pour une part : la hiérarchie politique est visible et explicable sans qu'il soit nécessaire de mettre en relation son état passé et son état présent. Elle dessine son réseau indépendamment des individus : c'est un réseau de fonctions relatives aux commandements. Pourtant, si paradoxal que cela paraisse, cette organisation synchronique peut, à la limite, prendre en compte à tout instant, par la médiation de la possession, une diachronie qu'elle assimile. Si les morts royaux sont réalisés, incarnés, par des possédés, de diachronique et perpétuellement mouvant le temps politico-historique devient identique à lui-même — ou, plutôt, les membres de l'appareil jouent à ce qu'il soit identique, et donc aboli. D'une opposition temporelle entre « vivants » et « morts », on passe dans la hiérarchie politique à une opposition synchronique : l'appareil politique sakalava est formé de la conjonction d'une hiérarchie centrée sur le souverain vivant, qui commande à des dignitaires roturiers, et d'une hiérarchie parallèle formée des possédés et des dignitaires établis aux tombeaux royaux, les « gens des morts ».

La charge politique qui permet, à l'intérieur de la hiérarchie des vivants, de penser toutes les autres est celle de souverain suprême. Dans les conceptions sakalava, le souverain suprême est dans un rapport direct avec ses ancêtres. Une locution fréquemment utilisée le dit « maître de ses ancêtres » *(tompon'ndrazaña)*, ce qui réaffirme constamment une légitimité qu'on définit en relation aux morts royaux ; cette locution rappelle que le souverain est dépositaire de reliques royales enfermées dans une construction qui fait pendant, du côté des vivants, aux tombeaux royaux, le *tsizoizoy* établi dans l'ancienne capitale religieuse d'Ampasimena. Ces reliques déposées dans de petites cornes en or sont censées provenir des parties durables des corps d'Andriamisara, Andriamandisoarivo, depuis le tombeau de Majunga. Cette légitimité liée à l'ensemble des morts royaux donne au souverain un contrôle théorique sur les représentants de morts royaux particuliers, les possédés *(saha)* : apparemment, il est extérieur à l'opposition binaire séparant les membres de la hiérarchie politique en « gens des vivants » et « gens des morts ». Il a donc théoriquement vocation de donner des ordres à n'importe qui, à la condition que l'individu commandé se considère par appartenance clanique et territoriale aux Bemihisatra du Nord. Cependant, l'opposition « vivants/morts » est avant tout d'ordre symbolique : elle se réfère notamment, dans le discours sakalava qui l'exprime, à des évitements corporels et matériels. Ainsi il est impossible au souverain de se rendre aux tombeaux royaux, à moins qu'une cérémonie considérée comme particulièrement dangereuse, difficile à réussir sans sanction surnaturelle, le mette en contact avec les lieux funéraires. Le souverain ne peut communiquer avec les possédés royaux, qui sont des personnages ayant des rôles institutionnels définis, que par le moyen d'autres membres de l'appareil, ou au moins en leur présence. De la même manière qu'il lui est interdit de se rendre aux tombeaux, les possédés ne peuvent venir le voir à la résidence royale *(doany)* qu'accompagnés ; lors des transes, ils ne lui parlent que par interprètes interposés.

L'ensemble des membres respectifs de ces deux hiérarchies politiques, définies par des concepts et non par un rôle instrumental, se trouve dans une situation paradoxale. D'un côté, la croyance en

l'existence posthume des morts royaux détermine l'opposition
« morts/vivants » : et à cette opposition s'associe celle qui renvoie
dos à dos le souverain vivant et ses ancêtres. D'un côté, la succession
politique d'un souverain à un autre est une *négation,* car c'est une
disparition qui entraîne la succession à la charge ; de l'autre, pouvoir
succéder à la charge de souverain suprême, c'est avant tout être fils
de quelqu'un, être constitué physiologiquement dans une relation
de descendance. La hiérarchie des morts, celle des vivants paraissent
ainsi refléter l'hésitation d'une pensée politique à privilégier, dans
l'héritage du pouvoir politique, le double visage de la perpétuation
du groupe noble ; la mort d'un roi, le remplacement de ce roi équivalent pourtant à nul autre, puisque placé au sommet d'une hiérarchie
pensée.

Cette même dialectique est au centre de la charge de possédé
royal. A la mort de tout aristocrate, après la clôture de ses funérailles,
il se réincarne chez un invididu nécessairement roturier. Il existe
alors un critère de vérité de cette réincarnation : la légitimation par
le double collège des « conseillers des vivants » et des « conseillers
des morts ». Si l'appareil politique décide qu'un possédé est authentique, il est installé aux tombeaux royaux : sa fonction est alors
d'émettre des avis sur la politique générale de la monarchie lorsqu'il
est sollicité. Il est censé exercer son pouvoir de décision en relation
avec la personnalité du mort qu'il incarne : une personnalité autrefois
connue comme pacifique ne saurait avoir de conduites violentes ;
un mort royal connu pour son opposition à l'islam se doit de jouer
l'opposition aux groupes islamisés contemporains.

Cette réalisation des morts clôt le système des croyances qui double
ou constitue la hiérarchie politique. L'existence des possédés royaux
les définit au premier abord comme garants de l'ordre rituel ou
social : un mort royal, c'est aussi un individu ayant vécu dans un
passé posé par définition comme lieu d'origine des règles sociales
et comme leur lieu d'*authenticité* ; c'est dire que n'importe quel acte
social est susceptible d'être commenté, voire jugé, par les possédés.
Ils jouent le rôle de relais ou de dernière instance d'appel lors de
jugements litigieux prononcés par les conseillers royaux. Impossible
alors de ne pas se fier à leurs dires : être sceptique *(mifamatra),*
c'est mettre en cause non seulement le bien-fondé d'une parole d'un
possesseur ultime du pouvoir, mais simultanément mettre en cause
leur caractère sacré, situé au-delà de la vérification empirique et du
bon sens social. La hiérarchie politique met donc les morts au-dessus
de tout. Or, le garant de l'autorité exercée par le souverain suprême,

ce sont les morts royaux : mais qui garantit les décisions des morts royaux, des possédés ? Des sanctions surnaturelles décelées par la répétition d'événements graves. Elles sont mises en évidence par des devins (*moasy*) souvent possédés eux-mêmes, lorsque la transgression considérée comme étant à l'origine de la punition et du malheur n'est pas connue. Ces punitions peuvent affecter n'importe quel individu, noble ou roturier. Pour qu'elles émanent de morts royaux, il faut toutefois que l'individu ainsi puni se soit rendu coupable de transgressions spécifiques, liées à un champ social défini, en l'occurrence l'ordre monarchique. La possession et l'existence posthume des morts proposent donc une explication globale des destinées individuelles, ou au moins des éléments de ces destinées affectés par l'ordre monarchique. Le schéma sous-jacent à ces relations « vivants/ morts » porte sur une réciprocité définie : une transgression est une dette ouverte vis-à-vis des morts royaux, que la punition ne fait que signaler et non abolir. Il faut ensuite qu'une réparation effectuée par l'entremise de spécialistes rituels se fasse, réparation qui comporte simultanément l'effacement d'une souillure et l'établissement d'un flux monétaire ou économique entre la personne punie et le mort royal considéré. L'ordre politique se donne ainsi indissolublement comme réalité et comme croyance. Car la faute sanctionnée par un possédé est une faute *politique* : la sanction vise donc le plus souvent un détenteur du pouvoir, membre de l'appareil monarchique, parfois le souverain lui-même. Or, la définition des pratiques politiques « convenables » ou « séditieuses », qui préside à la mise en relation du malheur et de sa cause supposée, est elle-même donnée, en quelque sorte, dans l'acte de légitimation d'un possédé par l'appareil monarchique. Quand les conseillers des vivants et des morts authentifient la présence, chez un individu, d'un souverain mort, ils se donnent à eux-mêmes un maître qui n'est rien d'autre que l'incarnation de leur propre définition du passé historique et donc de l'ordre monarchique actuel. Par les possédés, l'appareil monarchique se parle donc à lui-même ; il réalise et incarne l'idéologie qui lui permet d'exister à titre spécifique, différentiel. Impossible d'observer ici un niveau des croyances qui justifierait ou masquerait un niveau des pratiques : ce serait négliger d'une part que ces dernières font l'objet de représentations, et d'autre part que ce sont ces représentations elles-mêmes qui constituent des croyances, en donnant à ce terme son plein contenu sémantique. Ici, l'exercice du pouvoir est inséparable de l'affirmation constante d'une légitimité, contrairement à l'organisation bureaucratique à l'idéologie « rationnelle », où la légitimité est masquée et doit être dévoilée. Quand les possédés royaux parlent, c'est toute l'histoire sakalava, ou plus exactement la conception sakalava de l'histoire, qui parle avec eux, leur permet de parler.

Il est compréhensible que la distinction et l'opposition symbolique entre l'appareil politique « vivant » et l'appareil « mort », entre souverain vivant et ancêtres royaux, entraîne la constitution de hiérarchies distinctes, aux champs d'action différents. Les « gens des vivants », qui entourent le souverain chez les Bemihisatra, sont gérants et juges d'affaires ou de biens considérés comme profanes : responsables des terres royales indivises, ils centralisent aussi tous les flux économiques ou cérémoniels censé provenir de l'ensemble des groupes dépendant des Bemihisatra ; tous sont originaires de groupes roturiers proches du pouvoir colonial, lettrés, souvent fonctionnaires d' « exécution » ou d' « autorité » : ils manient la zone d'insertion de la monarchie dans l'économie et la politique prises dans leur acception actuelle, occidentale. Les « gens des morts » sont pauvres, issus de groupes roturiers descendants d'esclaves : la gratification qu'ils obtiennent en gardant les tombeaux royaux Bemihisatra, le rôle central qu'ils jouent dans les rituels sont directement liés à la présence parmi eux des possédés royaux, que leurs dignitaires ont vocation de solliciter. Il est aisé de voir que les deux hiérarchies sont implantées dans des bases matérielles distinctes. Ainsi les conseillers des vivants jouissent-ils de revenus monétaires très supérieurs à la moyenne des Sakalava du commun, parce qu'ils sont issus de groupements distingués historiquement par les monarchies depuis l'époque coloniale et que les soldes de fonctionnaires indigènes ainsi obtenues sont venues se superposer aux ressources foncières des groupes familiaux. Par opposition, les « gens des morts » sont très rarement propriétaires de terres : ils sont installés sur les terres d'une concession de la famille royale, dont le droit d'usage leur est laissé en contrepartie, en quelque sorte, de leurs services rituels. Le langage défini par les institutions de communication entre les deux appareils fait référence à ces différences économiques ; il n'est pas rare que des possédés particulièrement écoutés se fassent auprès du souverain l'écho de ceux qui les contrôlent et les gardent ; mais, inversement, ces mêmes possédés peuvent être à l'origine de la destitution d'un dignitaire des morts, destitution qui implique une diminution du revenu du dignitaire exclu, qui ne contrôle plus les flux cérémoniels dont sont l'objet les tombeaux royaux. Il est impossible de voir dans ces hiérarchies la marque d'un autre ordre que la politique et que la rhétorique de la légitimité, de réduire l'opposition entre appareil des vivants et appareil des morts à un rapport social de production travesti : on échouerait à déceler une base économique cohérente sur laquelle viendrait se greffer l'ordre monarchique ancien. Il n'est pas niable que le statut nobiliaire et donc l'appartenance aux vivants ait été historiquement un gage de réussite économique : mais cette dernière était médiatisée par le statut, qui seul permettait la prééminence foncière dans le nouveau cadre des institutions coloniales ; si tous les nobles éminents, et notamment le souverain des Bemihisatra, qui reçoit la gestion d'un domaine d'environ deux cents hectares de terres commerciales ou de rizières, sont nécessairement propriétaires fonciers, tous les propriétaires fonciers ne sont pas nobles. La base économique construite sous la colonisation traverse donc les deux hiérarchies, mais ne les fonde pas, sinon au sens extrêmement large où les rapports de production déterminés par le capitalisme foncier affectent nécessairement l'ensemble de la population du Nord-Ouest, notamment sous la forme du salariat.

Le dialogue entre les deux hiérarchies de l'appareil monarchique apparaît comme un *langage* destiné à parler les situations sociales dans les termes de l'idéologie monarchique, c'est-à-dire dans la *syntaxe* dont les règles sont définies par l'existence et l'utilisation des morts royaux. Cela apparaît dans les interventions publiques des possédés lors de la discussion de décisions affectant l'ensemble des faits sociaux relatifs à la monarchie et à l'équilibre des groupes, décisions relatives à des domaines qu'un ethnocentrisme hâtif amènerait à considérer comme profanes, matériels, « économiques ».

L'une de ces décisions générales donna lieu à un long processus conflictuel : il s'agissait du désir affirmé par le souverain Amada, alors gouverneur politique de Nosy Be, de louer à la Compagnie sucrière de Nosy Be une partie des terres utilisées par les « gens des morts » autour des deux tombeaux royaux d'Ambalarafia et Manongarivo. Depuis 1949, Amada avait fait procéder à des opérations de bornage de ces rizières. Il agissait alors à titre de propriétaire privé affirmant des droits d'usage, et ces affaires avaient été traitées par le premier conseiller des vivants, qui avait servi de liaison avec les dignitaires des morts concernés au premier chef. A la suite de l'immatriculation définitive dans les années 1955, Amada avait constaté qu'une partie des rizières normalement réservées aux gens des tombeaux royaux restait en jachère ; c'était cette partie qu'il entendait louer. Cette décision affectait profondément l'ordre monarchique bemihisatra : les rizières en question « portaient » notamment, dans l'enceinte funéraire d'Ambalarafia, les dépouilles de la jeune reine Tsiomeko, considérée comme « purement sakalava », issue d'un segment de descendance hostile à celui auquel appartenait Amada, morte dans des conditions tragiques, et dont les possédées successives assumaient les conduites fantasques, torturées, indéchiffrables, qui paraissaient reproduire sur le plan collectif la situation sociologique ambiguë de la jeune reine morte dont les dépouilles étaient contrôlées par des personnalités à qui elle était opposée. Amada est, à l'époque, à la tête d'une fortune assez importante : ce qui lui permet d'ordonner en 1956 la conduite d'un grand service *(fanompoaña)* ayant pour objet la réfection, au tombeau d'Ambalarafia, d'un caveau funéraire en ciment remplaçant ainsi les matériaux végétaux. Bien que les Sakalava n'associent pas mécaniquement les deux faits, il semble que cette prestation engageant des sommes assez importantes soit alors considérée comme une sorte de contrepartie anticipée de la location des rizières qui entourent les tombeaux. Tsiomeko est alors représentée à Ambalarafia par une vieille possédée, qu'Amada fait solliciter par les dignitaires des morts. Il est difficile de savoir l'avis qu'émit alors la vieille *saha,* et d'après certains dignitaires actuels il semble, comme c'est souvent le cas des possédées de la reine Tsiomeko, qu'elle ne parla pas un langage clair [1]. Il est sûr toutefois que, la même année, la possédée devint radicalement muette : d'après un fils d'Amada, ce mutisme spectaculaire était dû au fait que son père « voulait lui faire dire des choses qu'elle ne voulait pas dire ». Le *fanom-poaña* se tient en 1957 : il faut que Tsiomeko y soit représentée, et Amada fait légitimer hâtivement, provisoirement, une possédée nouvelle, originaire de la résidence royale d'Andavakotoko, fille d'un ami politique d'Amada ; cette légitimation est une transgression, les possédées royales devant être originaires de lieux extérieurs à la résidence du souverain vivant, et de préférence de localités éloignées.

Cette dernière possédée, Rahema, trouble sans cesse le *fanompoaña*

---

1. Les possédées de la reine Tsiomeko, en état de transe, parlent tout bas ; certaines murmurent à peine, et certains conseillers disent qu'il faut coller l'oreille tout près du voile qui recouvre leur visage pour comprendre ce qu'elles disent. On aurait bientôt fait de penser à des « truquages » : mais truquage par rapport à quoi ? En supposant même que les représentantes de la reine morte ne disent rien de clair, et que les conseillers alors sollicités parlent à leur place, ces derniers ne feraient alors qu'assumer un rôle qu'eux-mêmes ont de toute façon défini au départ. En les légitimant, ce qui définit sans doute le *rôle* des possédées de Tsiomeko, c'est que le manque patent du savoir oral la concernant implique qu'elle constitue toujours un personnage indéchiffrable.

par des demandes incessantes liées aux actes rituels : en état de transe (*enjiky*), c'est-à-dire lorsqu'elle est réellement Tsiomeko, elle demande notamment qu'Amada vienne à Ambalarafia communiquer avec elle directement (*mitakitaky*), autrement dit qu'il fasse acte d'allégeance. Amada refuse, mais ne se résout pas à louer les terrains. Peu après la tenue du *fanompoaña*, un conseiller des vivants rapporte à Amada qu'il a rêvé de la cérémonie : il a vu tous les gens des tombeaux debout, nus, entourant Rahema la possédée ; quelqu'un lui disait : « Tsiomeko ne voulait pas de caveau en pierre, c'est cela qui a fermé la bouche de Poty », la possédée devenue muette. Amada est considéré comme « frappé de la colère » (*voa atizerana*) de Tsiomeko ; la communication avec elle devient impossible, et des possédés extérieurs aux tombeaux et ces esprits forestiers réputés pour des dons de voyance (*kalan'oro*) sont sollicités afin de donner un sens à ces événements. La plupart des diagnostics relatifs au mutisme de la *saha Poty*, à la conduite de Rahema, au *fanompoaña* révèlent des fautes d'Amada. La divination agit ici comme la mise en rapport de faits dont le lieu dernier est l'idéologie relative aux morts royaux : elle agit bien comme une recherche de règles d'accord entre une transgression et sa punition, comme un travail d'organisation de l'ordre politique et idéologique. Si l'idéologie centrale d'une culture est cohérente, elle n'est cependant jamais tout à fait close : les tensions subsistent entre « Tsiomeko » et le souverain vivant. Après la mort de ce dernier et sa succession en 1969 par sa fille aînée Fatoma, celle-ci reprend à son compte le projet de son père ; les mêmes oppositions se révèlent : Rahema représentant Tsiomeko demande que la souveraine vienne faire requête auprès d'elle. Mais Fatoma tente d'abord des négociations, sans passer par la possédée, avec la Compagnie sucrière. Un dignitaire des tombeaux royaux est sollicité, agissant lors de ces rencontres comme témoin et comme secrétaire : il souffre ensuite de graves troubles des yeux, ou il meurt d'après certains Sakalava. Il s'agit « officiellement » d'un *tigny*, d'une sanction surnaturelle. En 1970, Fatoma se résout à faire requête à Tsiomeko : pendant la cérémonie, la possédée l'agresse ; elle est immédiatement exclue de sa charge par les conseillers de Fatoma.

Le dialogue entre « vivants » et « morts royaux » illustré par cet exemple montre la nature et l'extension de l'idéologie politique. Le culte des morts royaux et sa réalisation par la possession politique sert de soubassement continu au langage de la prise de décision et de sa légitimité : alors qu'il est convenable que Rahema en transe et représentant Tsiomeko fasse opposition au plus haut personnage de l'appareil des vivants, elle sort de son rôle si elle l'agresse et cesse alors d'être authentique, donc d'être une « vraie » possédée. Le langage de la mort et de l'existence posthume définit ainsi, dans un consensus assez fort, des modèles de conduite et d'inconduite [2]. Sa syntaxe définit les rôles respectifs des groupes porteurs de la décision : possédés d'une part, sans qui les dignitaires des morts descendants d'esclaves ne sont rien ; souverain et conseillers directs de l'autre.

La leçon que tirait Ahamady Andriantsoly, fils d'Amada, de ce long processus conflictuel était « qu'à la fin ce sont toujours les *'panjaka* qui gagnent ». Cette affirmation sous-entendait que là était l'un des problèmes engendrés par le fonctionnement d'un système idéologique fondé sur des médiations imaginaires ; il fallait assigner un sens univoque à l'action de ces dernières. Les conduites les plus quotidiennes des possédés montrent qu'ils entendent se situer hors de la règle commune : déviants, susceptibles, « faiseurs d'histoires », ils constituent une sorte de cauchemar quotidien pour les souverains vivants, qui en rêvent d'ailleurs réellement comme on va le voir. Pourquoi toutefois cette manifestation réitérée d'une autorité qui paraît — en dehors de cas extrêmes tel que celui relaté ci-dessus — conférée sans qu'on puisse jamais la contrôler [3] ? C'est que précisément, si l'idéologie des morts est première dans la décision, elle reste une idéologie consciente pour ses acteurs : pas de soumission automatique chez les Sakalava du Nord, ni de croyance aveugle en l'existence posthume ; un scepticisme constant coexistant avec un respect aveugle, *mais joué*. Le rapport aux morts des gens du Nord est un rapport critique, enserré dans le balancement du « je sais bien /que les morts ne se réincarnent pas/ mais quand même /les morts royaux constituent un mystère [4] ». Et ce même balancement est présent chez les possédés pour lesquels le rapport au mort royal qui les

---

2. Par rapport aux schémas idéaux qui définissent des règles, l'obéissance et la transgression sont équivalentes ; voir la postface de J. Pouillon aux *Systèmes politiques des hautes terres de Birmanie, op. cit.,* p. 368. L'expression de modèles d'inconduite est de G. Devereux ; elle est reprise dans l'ouvrage de M. AUGÉ, *Théorie des pouvoirs et idéologie, op. cit.*

3. « Le problème dramatique et central, c'est le contrôle du contrôle (Edgar MORIN dans la « Discussion » suivant une communication de L. EISENBERG, « Ethique et Sciences de l'homme », in *L'Unité de l'homme, op. cit.,* p. 806).

4. On sait que le mécanisme de la croyance est toujours accompagné d'un déni (*Verleugnung*). Le paradigme de ce mécanisme est exprimé par la phrase : « Je sais bien mais quand même » (O. MANNONI, *Clefs pour l'imaginaire ou l'Autre Scène,* Seuil, 1966, chap. 1).

« habite » et l'authenticité vécue de leur propre possession sont déterminés par une croyance préalable. La possession, c'est d'abord un dérèglement physiologique, une maladie grave et inguérissable dont un devin rapporte le sens ; mais pour s'inventer possédé, en possession de cette règle sémantique partielle, encore faut-il croire aux devins et légitimer la mise en rapport qu'ils opèrent alors. Ainsi que le dit justement O. Mannoni, « on va chez les devins pour être deviné [5] » ; et de la même manière, les possédés sakalava agissent alors selon les armatures culturelles engagées par l'ensemble du procès de la hiérarchie politique. Qu'on se souvienne : si les nobles sont légitimes, c'est qu'ils descendent de morts royaux qui sont dangereux ; si ces derniers sont dangereux, c'est qu'ils sont porteurs permanents de punition affectant les vivants. Chez les possédés comme chez les nobles, chez les nobles comme chez les Sakalava du commun, le premier chaînon idéel porteur du sens de la hiérarchie et de la société, c'est l'existence posthume des morts royaux. Et si elle est sans cesse affirmée — individuellement par la fréquence des sollicitations des devins, collectivement et structuralement par l'ensemble de l'organisation qui les incarne —, c'est qu'elle est conçue fragilement comme croyance, que cette croyance est consciente et non soumission automatique. Un « matérialiste » supposé aurait beau dire ici que si l'on craint les morts royaux, c'est parce que les nobles étaient porteurs d'une puissance bien concrète déterminante, foncière, commerçante, militaire — assignant ainsi, à la limite, au culte des morts royaux une fonction de superstition. S'il est inutile de réfuter de telles interprétations, la vision « matérialiste » des nobles puissants et craints temporellement, et donc investis d'une sorte de pouvoir magique et de magie du pouvoir, n'explique pas ce saut idéologique, porteur de sens, entre la puissance naturelle et concrète et l'efficacité surnaturelle. Il y a bien dans l'idéologie des morts royaux sakalava une sorte de contrat premier de la légitimité, qui certes ne peut être parlé et conçu dans un autre langage que celui permis par la réalité de la base organisationnelle, de la hiérarchie foncière, de la taille démographique des groupes et de leurs stratégies. Mais ce terrain-là est miné aussi pour le matérialisme mécanique : car on a vu que les groupements fondamentaux faisaient dépendre leur existence concrète et leurs stratégies de réalités hiérarchiques et politiques (chap. 7), dont le visage général était modelé par des faits d'ordre idéel (chap. 8 à 10) [6]. Le politique à la manière sakalava du Nord

---

5. *Ibid.*, p. 22.
6. Qu'on me comprenne : il n'est pas question de dire ici que les groupes

est avant tout *totalisant,* après avoir été, lors de l'époque historique, totalitaire : aucun acte social n'échappe à son domaine, parce qu'il est porteur du *sens* de la hiérarchie, de la société et sans doute, avant que les cosmogonies et les rituels s'affaissent, du cosmos tout entier.

---

locaux sakalava du Nord peuvent avoir n'importe quelle stratégie dans le recrutement de leurs membres ; il s'agit cependant de rappeler cette vérité d'évidence que les stratégies de recrutement sont ici déterminées, *à l'intérieur* des contraintes du milieu, par des faits idéologico-politiques, positivement ou négativement.

XI

POUVOIR DES VIVANTS,
LANGAGE DES MORTS

Penser un système de pouvoir, c'est d'abord penser un système vécu : car si les acteurs ne sont pas conscients de leur rôle et donc s'ils n'en étaient placés à une sorte de distance fondamentale, comment sauraient-ils les moments des répliques et le ton à leur donner, impliqué par le rapport avec leur interlocuteur ? Rien de plus véridique dans cette optique, rien de plus structural, que la relation d'événements relevant de l'ordre du politique racontés par leurs acteurs eux-mêmes : c'est alors la *vérité des rôles* qui apparaît.

On a tenté ci-dessus (chap. 9) de donner une sorte d'épure d'un système idéologico-politique, dont on a montré qu'il constituait une sorte de langage fondamental destiné à penser la réalité du pouvoir et le contexte de la décision. Comment les deux termes de la réalité du pouvoir et du commandement et son langage spécifique se confrontent, c'est ce que révèle l'analyse du récit d'une crise politique par l'un de ses acteurs, premier conseiller d'Amada de 1937 à 1970, Mahamoudou.

A. La Fondation du tombeau royal de Manongarivo

1. Le récitant : Mahamoudou

Manantany Mahamoudou, « le premier conseiller Mahamoudou », bras séculier du souverain Amada, premier des conseillers des vivants à Andavakotoko, est un homme qui, comme les *'panjaka* décrits par Ahamady Andriantsoly, a toujours gagné, au-delà des violences et des vicissitudes d'une vie dangereuse et d'un pouvoir contesté mais d'une étonnante permanence. Grand possédé d'Andriamisara et cumulant ainsi un pouvoir surnaturel avec son autorité matérielle, conseiller municipal, pièce maîtresse jusqu'à récemment de l'ancien Parti social-démocrate, et devin-guérisseur célèbre, il était le plus connu des chroniqueurs Bemihisatra.

2. Les faits

La reine Binao meurt subitement dans sa résidence d'Andavakotoko en 1923, à l'âge de cinquante-sept ans. Quelques années auparavant (en 1921 semble-t-il), elle avait laissé des dispositions testamentaires écrites devant le chef de district d'Ambanja. L'ensemble de ses biens revient à son demi-frère Amada, lequel jouait depuis son âge adulte le rôle de mandataire de sa sœur. Devant témoins, parmi lesquels Mahamoudou Daoud, elle avait affirmé oralement sa volonté d'être inhumée dans un tombeau royal distinct des deux tombeaux sous contrôle direct d'Andavakotoko, Tsinjoarivo à Nosy Komba et Ambalarafia à Nosy Be.

Dès qu'Amada est investi de la légitimité du pouvoir, les conseillers royaux lui rappellent les dispositions prises par Binao. Malgré leur avis défavorable, il se refuse à suivre les dernières volontés de sa sœur. Il décide qu'elle sera enterrée auprès de sa mère, Safy Mizongo, à Tsinjoarivo.

Certains conseillers sollicitent en privé des devins et des femmes possédées de ces esprits forestiers dénommés *kalanoro* dans le Nord-Ouest. Tous s'accordent à prédire le caractère néfaste d'une telle

111

décision. Plusieurs faits désorganisant l'inhumation sont également interprétés selon ces codes.

L'année 1933 sera particulièrement chargée d'incidents tragiques. En mars, un enfant tout jeune (menamena) d'Amada meurt. En décembre, cinq Sambiarivo se noient au large de Nosy Be. De retour du mahabo d'Ambalarafia, ils allaient saluer les ancêtres royaux abrités dans leur demeure (tsizoyzoy) d'Ampasimena.

Au début de 1934, un petit-fils d'Amada, né de sa fille aînée Fatoma, meurt également. En 1935, un autre de ses petits-fils meurt encore, malgré les soins de tous les guérisseurs (moasy) groupés autour de lui à Ampasimena. Enfin, en 1937, le mpanjaka est atteint de troubles stomacaux spectaculaires qui amènent les conseillers à se séparer de son moasy attitré pour lui préférer Mahamoudou.

Pour l'ensemble des dignitaires. ces faits sont à lier à des sanctions surnaturelles. A l'appui de leur interprétation vient le fait qu'aucune possédée de l'esprit de Binao ne s'est encore signalée à leur intention, alors qu'en général la légitimation d'une saha suit d'ordinaire de deux ou trois ans la mort du souverain qu'elle représente.

Alors que des bruits de plus en plus insistants courent au doany, qui incitent certains responsables, en particulier Mahamoudou, à tenter de faire revenir le mpanjaka sur sa décision, une femme d'Antsatsaka, petit village du Sambirano contrôlé par les rois Bemazava, fait la rencontre d'un anadoany (ampanjaka de petit statut) nommé Hangatahy, lié à Amada par le mariage de celui-ci avec l'une de ses collatérales. Ce moment où la décision d'Amada semble pouvoir être fléchie est celui qu'elle choisit pour se signaler à l'attention des conseillers comme possédée de Binao. Voici le récit que donne de cette rencontre Mahamoudou, qui fut le principal acteur de sa légitimation :

Hangatahy venait comme d'habitude faire son petit commerce. Elle, elle habitait à Antsatsaka — c'est là-bas simplement que ce tromba l'avait saisie. Il vaticinait sur elle. Hangatahy et ses compagnons ne savaient pas évidemment, ils la voient être en possession. Dès qu'elle les voit, elle entre en possession.

Après ça, ce tromba leur dit : « Si vous voulez me connaître, allez appeler à Nosy Be, il y a quelqu'un qui s'appelle Manantany Mahamoudou. A ce moment-là, je vous expliquerai ce que j'ai à vous dire. Abandonne tout ce que tu as à faire, va chercher Mahamoudou. » Hangatahy était surpris. Il lui répondait : « Je vois bien que tu es un tromba, mais je ne sais pas qui tu es. » — « Va chercher Maha-

moudou. » Après ça, Hangatahy laisse tout, il « débouche » chez le mpanjaka qui me fait prévenir. Il me fait dire que là-bas il y a un tromba qui t'appelle. « Qui c'est ? », je dis. — « Ah, je ne sais pas, c'est un tromba, je l'ai vu la nuit, je sais d'elle que c'est une femme, son tromba veut te voir. »

A ce moment-là, je l'avertis qu'on partirait ensemble le lendemain. J'avais pris avec moi des « manœuvres » : un qui s'appelait Tombo, il n'était pas conseiller, c'était quelqu'un que je connaissais bien ; puis un qui s'appelait Mahavita, un Sambiarivo [1] du mpanjaka. On débarqua à Antanabe-Sambirano, puis après on était arrivés l'après-midi là-bas. On les vit, ils étaient en train de récolter le riz, ils étaient là, le mari était là, puis cette femme. Ils ne nous connaissaient pas, nous ne les connaissions pas. Peut-être le mari avait remarqué : « Ah, parmi ces gens-là, il y a cette personne Mahamoudou », mais ils ne savaient pas lequel de nous trois.

« Ah, vous voilà. » On fit les salutations. A peine finies les salutations, voilà qu' « il » venait sur cette femme. Personne n'avait appelé, personne n'avait intercédé [2]. Alors il était arrivé et nous nous taisions, nous écoutions comme pour un « examen ». C'était dans l'abri temporaire [3] de leur terre à riz, un petit abri, ils restaient là pour ne pas avoir à rentrer au village. Il était venu, elle avait mis ses vêtements de tromba, tout ça ; « eh Mahamoudou », elle faisait comme ça en me montrant du doigt. Parce que nous étions trois à être assis là ; si elle avait dit seulement « ah Mahamoudou », nous n'aurions pas bougé ; parce qu'on voulait savoir si elle me connaissait ou pas. Mais là, j'étais obligé de répondre « ah ? ». « Viens t'asseoir ici, viens ici. » J'allais m'asseoir près d'elle. On fit les salutations. « Tu me connais ? » dit-elle. — « Ah non, non je ne te connais pas. Je sais que tu es un tromba, mais je ne te connais pas. » Alors là, je posai des questions : « Tu as envoyé des gens pour m'appeler ? » — « Oui, elle dit, je t'ai fait appeler. » — « Bon, si tu m'as appelé, je suis là. » Elle demanda : « Qui c'est, ces enfants que tu m'as amenés ? » Alors j'expliquai : « Celui-là c'est Tombo, celui-là c'est Mahavita. »

---

1. Il ne s'agit pas ici d'un Sambiarivo des *mahabo*, mais du *doany* employé comme domestique privé.
2. Chaque *tromba* a un intercesseur particulier. Dans le cas des femmes, il s'agit très fréquemment du conjoint qui a pour fonction d'appeler l'*ampanjaka* mort sur la femme possédée.
3. *Toby* : Il s'agit de ces constructions légères édifiées sur les bordures mêmes des terres à riz, qui servent d'abris aux couples surveillant les oiseaux prédateurs de graines au moment où le riz germe.

« *Ce Mahavita-là, c'est l'enfant de qui ?* » — « *L'enfant de...* Hasani », je dis. — « *Ah Hasani, Hasani d'Ampohaña* », elle dit. — « *Oui.* » — « *Un de mes Sambiarivo, ça. Ça c'est un enfant qui ne me connaît pas, mais son père je le connais. C'est un de mes Sambiarivo. Et celui-là, qui est-ce ?* » — « *Ça c'est Tombo* », je dis. — « *Tombo ?* » — « *Oui.* » — « *Ce Tombo-là, dit-elle, il vient d'Ambariovato* [4] *?...* » — « *Oui* », je dis. — « *Ah, elle dit, mais c'est mon* ravinanto [5]. *Le cadet de ce Tombo a épousé ma nièce croisée* (asidiko), *ils ont même eu des enfants. C'est faux ?* » — « *C'est la vérité.* » Le cadet de Tombo avait épousé celle qui est « passée » voici peu de temps, c'était lui le père de tous ses enfants, il est mort maintenant. Alors après elle me demanda : « *Tu ne sais pas encore qui je suis ?* » — « *Han, han,* tous les tromba *sont parents du* mpanjaka, *je dis. Mais je sais pas qui tu es, je ne sais pas encore. Qui es-tu ? Je sais que tu es un " pouvoir* [6] *", tu parles de beaucoup de choses, je suis sûr que tu es un " pouvoir " en vérité, mais qui es-tu ? Si je rentre, qu'est-ce que je vais faire une fois arrivé ? Si je suis quelqu'un de confiance, je veux que tu me donnes des preuves.* » — « *Je te montrerai qui je suis, mais pas encore, on reparlera ensemble.* » Elle redemanda : « *Tu veux vraiment me connaître ? Le* mpanjaka *Amada vous a expliqué combien étaient-ils de même mère, t'a-t-il expliqué ? Tu le sais.* » J'expliquai : « *De même mère, ils sont trois ; ils sont trois.* »

« *Qui est le premier, qui est le deuxième, qui est le troisième ?* » J'expliquai : « *Le premier c'est l'*ampanjaka *Binao ; le deuxième c'est l'*ampanjaka *Kavy ; le troisième c'est Amada.* » — « *Tu sais bien cela ?* » — « *Je le sais* », je dis. Trois fois elle me demanda. Elle ne m'expliquait pas tout directement, elle voulait que ça rentre bien dans ma tête. « *Le premier là, elle dit, n'est pas mort à Andavakotoko ?* » — « *Oui* », je dis. — « *Le premier là, c'était un* mpanjaka *Bemihisatra ?* » — « *Oui* », je dis. — « *Le jour où vous êtes allé là " servir* [7] *" à Ambariovato, ce n'est pas toi qui étais chef de route ?* » — « *Oui, je dis, c'était moi.* » — « *Tu sais cela ?* » — « *Oui* », je dis. — « *Et qu'est-ce qui t'a pris de te renverser dans la mer quand tu es arrivé au large ?* » Voilà, c'était ça la meil-

---

4. Ambariovato, l' « île aux pierres » est le nom sakalava de Nosy Komba.

5. *Ravinanto* désigne les conjoints des descendants des collatéraux d'Ego de la génération « moins un ».

6. On dit « pouvoir » *(fanjakaña)* pour désigner telle ou telle *saha.*

7. *Manompo izy* : expression spécifique de tous les rituels funéraires.

leure, la plus dure des preuves qu'elle me donnait. « Et pourquoi, pour quelle raison tu t'es renversé dans la mer avec ta pirogue ? » Alors là, mon gars, à cause de ça ma tête commençait à travailler. « C'est vrai je dis, on s'est trouvés plongés dans la mer à ce moment-là. » — « Si tu ne t'étais pas renversé toi-même ce jour-là, elle dit, j'aurais été capable de te renverser moi-même. C'était moi que tu transportais dans le fanompoaña, dans l'eau et le mauvais temps, moi qui suis tombée aussi dans la mer.

« Tu ne me connais pas encore ? » — « Ah, maintenant, je dis, je te connais. Mais j'ai encore peur que tu sois quelqu'un qui soit passé seulement, que tu aies vu des choses, mais que tu ne sois pas celle que je crois. Je suis encore sceptique parce que c'est ma règle de ne pas te croire, jusqu'à ce que j'obtienne beaucoup de preuves. » — Et tu ne te souviens pas que je ne voulais pas de la place que tu me donnais dans le ferañomby, là, après que vous m'ayez débarquée ? » — « Je m'en souviens », je dis. Alors là, personne ne pouvait savoir ça si ce n'est nous cinq, à l'intérieur du ferañomby, et attention, aucun de nous cinq ne pouvait en parler après, aucun n'aurait osé. Même les Sakalava ne savent pas ça. La pirogue renversée, ça il y a des gens qui l'avaient vue, parce que tout le monde était là évidemment, mais l'endroit qu'on voulait creuser, ici personne ne connaît ça. Même Tombo et Mahavita, qui étaient assis là, ne connaissaient pas cette histoire. Alors je dis : « C'est vrai, c'est la vérité, là il y a eu cette chose dont tu parles. » — « Et maintenant, tu n'étais pas là quand j'ai expliqué au mpanjaka Amada : demain, après-demain, si je meurs, je ne veux pas être emmenée au mahabo de Tsinjoarivo, mais je veux qu'on m'emmène au mahabo d'Ambalarafia. » — « La première fois que tu as dis ça, je n'étais pas là, mais la deuxième fois j'étais conseiller, j'étais là ; j'ai entendu. Je suis loin d'être ton parent, Amada est ton parent. Le jour où tu n'es plus, il est libre de dire : mettez-la ici, ou là. Nous obéissons, selon les endroits qu'il préfère. » — « Et voilà ce que je n'aime pas ; je dis : faites le fanompoaña ici, et vous le faites là-bas. Je me demande si je vais pas vous tuer tous autant que vous êtes... Ah, je sais que vous êtes ses serviteurs, vous n'osez pas vous opposer. Je me suis tue. Tu comprends cela ? » — « Je comprends », je dis. Alors après, elle explique : « Tu connais Marasy ? » — « Je la connais. » — « C'est ma cadette ça. Tu connais Mbemba ? » elle dit. — « Je le connais. » Après ça, elle dit : « Tu connais Tsialomo, dit-elle, c'était ma sœur aussi. Ici, au nord d'Andavakotoko. » — « Je la connais », je dis. — « Tu ne me connais pas encore ? » Alors là, *j'acquiesçai. « Oui je te connais. » — « Qui suis-je ? » — « Tu es l'ampanjaka Binao* [8]. »

Mais cette femme n'était pas quelqu'un qui connaissait cet endroit {Nosy Be}. Cette femme était d'Analalava, elle était petite comme ça quand il y avait eu le fanompoaña, *elle ne connaissait rien, alors je ne fus plus du tout sceptique. Alors elle expliqua : « Tu es bien conscient de ce qui arrive ? » — « Oui », je dis. — « J'ai fait sortir un rêve pour Mboty pour vous avertir. » Et c'était vrai. Cette enfant Mboty avait vu un peu de temps avant, elle dormait, elle l'avait vue avec le chemisier qu'elle avait souvent à Ampasimena ; elle disait : « Si vous voulez le bien, si vous ne voulez pas la dispute, enlevez-moi d'Ambariovato, emmenez-moi à Ambalarafia. » Mboty dormait et elle voit ça, Mboty elle était suivante ici au* doany, *sa catégorie c'était Jingo. « Mais ne me faites pas rentrer là dans le* mahabo, *je veux ma place personnelle où reposer. » Puis elle dit à Mboty : « Allons » — et ça, Mboty le voyait pendant qu'elle dormait — et elle se voit aller avec elle jusqu'à ce qu'elles arrivent là-bas, et elles suivaient le chemin qui monte au village de Manongarivo maintenant ; et elle disait à Mboty : « Explique au* manantany *Mahamoudou : je n'aime pas là-bas, là-bas {Ambalarafia} il y a trop d'histoires, je veux être ici, seule. » Parce que les choses qui étaient interdites leur étaient permises là-bas ; et que celles qui leur étaient permises lui étaient interdites. Elle disait : « C'est ça que je n'aime pas, je ne veux pas me heurter chaque jour avec elle* [9]. *Je veux faire mon choix moi seule. »*

Alors elle disait : « Tu comprends bien cela ? » — « Oui, je comprends bien. » — « Attention, si tu ne respectes pas mes paroles, je te briserai [10], *elle disait à Mboty. Regarde bien cet endroit. Tu expliqueras à Mahamoudou ? » — « Oui, dit Mboty, j'expliquerai. » — « Regarde ; il y a un petit* ambarasaha *ici, regarde-le bien* [11]. »

---

8. Il s'agit en fait de consanguines de Binao, descendantes de la mère roturière de Sagfy Mizongo. Cette catégorie de consanguins des rois n'ayant pas statut royal est nommée *fokombeta*.

9. Il s'agit de Tsiomeko Ndramamalikiarivo et Safy Mainty Ndramitetiarivo, filles d'Andriantsoly, inhumées toutes deux à Ambalarafia. Cette phrase fait allusion aux conflits rituels sans cesse provoqués par les *saha* de la première reine citée.

10. *Anao mbo 'tapahako* : expression caractéristique utilisée par les *saha* voulant exprimer la colère des rois qu'elles représentent. Peut-être une métonymie de *mbo tapahako vozoño* : « je te couperai la gorge », châtiment fréquent pendant les périodes d'indépendance politique sakalava.

11. Il s'agit d'un arbuste dont je n'ai pas pu trouver l'identification scientifique.

— « *Oui* », *dit Mboty.* — « *Allons.* » *Mboty expliqua aussi qu'elles étaient revenues en pousse-pousse, et en vérité il n'y avait pas de voitures, elle se déplaçait toujours en pousse-pousse pour aller au district, ou n'importe où.*

Quand Mboty vint me voir, je tenais une petite boutique près de la rue, je faisais « l'hôtel », les gens qui passaient venaient plus facilement. Alors, dans son rêve, elle dit à Mboty : « Appelle-le à sa boutique. » — « *Ah, mais maintenant il dort.* » — « *Réveille-le !* » *Je la vis me saluer après m'avoir réveillé, Je lui demandai ce qu'elle avait à me dire. C'est là qu'elle m'expliqua cette histoire. Elle avait dit à Mboty de m'avertir : « Attention, explique au* mpanjaka *cette histoire, parce qu'il est encore sceptique à mon sujet. S'il ne me croit pas encore, il verra très bien ce que je vais encore lui faire. » C'est ça que Mboty me disait. « Il faut que tu expliques au* mpanjaka *!* » — « *Fais-moi confiance, je lui dis, je lui expliquerai. » Alors après, Mboty et moi, on va se coucher. Mboty se réveille à cinq heures du matin et elle se souvient. Elle revient me voir, parce qu'avant de voir le* mpanjaka *il faut saluer son* manantany*. Elle redit son histoire : « Cette nuit j'ai fait un rêve, je dormais, mon rêve était comme ça, comme ça, comme ça. » Nous allâmes ensemble jusque là-bas et je vis tous les endroits dont elle parlait. Elle répéta qu'elle lui avait dit : « Attention. Votre* mpanjaka *ne me croit pas encore. Il va voir les choses que je vais faire s'il continue. » Elle dit qu'elle était boulversée quand c'était arrivé. J'étais encore sous le coup : « Ah, l'enfant, tu as vu ça ? » Elle persista : « C'est ça que j'ai vu. »* — « *Vraiment, tu as vu ça ?* » — « *Vraiment, je l'ai vu.* » — « *Tu oserais soutenir cette chose ?* » — « *J'oserais la soutenir. » Bon. J'envoyai un Sambiarivo appeler deux conseillers, Hataka, Jomanadoany ; ils vinrent à moi ici. « Cette enfant est venue, voilà ce qu'elle m'a dit. Allons expliquer l'affaire qui est sortie sur cet enfant au* mpanjaka*. » Jomanadoany dit : « Allons avec cet enfant pour nous expliquer. » Alors on y alla tous ensemble, on alla chez Andriamamatatra*[12]. « *Qu'est-ce que vous avez à dire ?* » *On le salua, puis je dis : « Cette enfant a vu des choses quand elle dormait, elle a rêvé cette nuit. Pas moi, mais elle qui est ici. Ecoute-la parler de ce qu'elle a vu. Si c'est moi qui parle, je pourrais faire des petites erreurs, c'est elle seule qui doit parler. Parle, Mboty. » Mboty dit une par une les choses qu'elle avait vues, de la première à la dernière. Alors Andramamatatra ne*

---

12. Nom posthume *fitahiaña* du roi Amada Ndramamatatrarivo, « le seigneur qui fit mille choses fortes ».

*fut plus sceptique du tout : « Il faut faire vite avant qu'elle ne me
tue. Elle est en fureur en vérité. Allez, Manantany. Maintenant l'affaire est dans tes mains. » Ça, c'était un vendredi que Mboty avait
parlé. Andriamamatatra m'expliquait : « Lundi matin, il faut que
vous alliez voir l'endroit dont a parlé Mboty. » J'allai là-bas le jour.
Zaman' Dazé alla là-bas* [13]. *Nous appelâmes Tsimibiry qui vint
aussi, puis Bazafy le chauffeur de l'automobile du* mpanjaka *qui nous
emmena avec cet enfant, Mboty.*

Une fois arrivés là-bas, au canal nord [14], *« c'est ici », dit-elle.
J'appelai le* manantany [15] *là-bas, Jinoro ; nous l'appelâmes et, une
fois qu'il était venu, nous appelâmes une femme Mbohondraza qui
était* fahatelo, *et puis des grands du* mahabo *là-bas Mahavita : « Nous
voilà, voilà l'affaire qu'emporte Mboty. » Nous nous installâmes
pour regarder les endroits dont parlait cette jeune fille. « Allez,
Mboty, va à l'endroit où vous vous êtes dirigées cette nuit. » Mboty
dit : « Un peu en avant là-bas, il y a ce chemin que nous avons
pris. » On fit à peu près quarante mètres, et il y avait en vérité un
chemin.*

*A partir de là, Mboty expliqua : « Il faut continuer, un peu plus
loin on va tomber sur des épineux. Puis on va monter, et il y aura
un petit manguier là, et puis encore après il y a cette pousse d'ambarasaha, c'est là qu'on se tiendra pour avoir l'endroit. » Nous ne nous
déplacions pas encore, l'enfant nous expliquait tout avant. Effectivement on la suivit, et le chemin était bien là. C'était une petite sente
étroite, comme un chemin de gens qui vont faire leurs besoins. Je
la suivais, nous allions toujours, on montait, on vit le manguier,
celui-là même qui est au nord du* mahabo *maintenant. Il était encore
tout petit à cette époque-là. Après une cinquantaine de mètres, on vit
l'ambarasaha dont elle parlait. Mboty dit : « C'est ici que nous nous
tenions. » Ce n'étaient que des buissons touffus, il y avait du mane-
viky* [16] *partout. Nous éclaircissions le chemin devant nous. Même un
peu avant il y avait un grand trou, j'avais failli tomber dedans. Après,
on l'avait comblé avec de la terre quand on avait commencé à sarcler
pour éclaircir l'endroit du* mahabo.

---

13. Zaman'Dazé, le teknonyme de Tsimiory, le vieux conseiller d'une
grande réputation auquel Mahamoudou Daoud, selon ses propres dires, se
référait constamment dans les situations difficiles.
14. Il s'agit d'un canal d'alimentation des rizières inondées environnant
les *mahabo*.
15. Il s'agit du *manantany* et du *fahatelo* du *mahabo*.
16. *Imperata cylindrica*.

*On s'arrêta là, près de l'*ambarasaha. *On pria, c'est Tsimibiry qui pria.* « *En vérité, Andrianamboniarivo* [17], *si c'est toi qui as expliqué à Mboty toutes ces choses, si ce n'est pas des mensonges, si c'est bien ici l'endroit dont tu parles, montre-le-nous. Si ce n'est pas ça, qu'elle s'est trompée, montre-lui.* » *On disposa l'assiette de prière, on mit dedans une pièce d'argent* [18]. *On partit, les Antimahabo de leur côté, et nous avec la voiture. On expliqua à Andriamamatatrarivo :* « *On a été là-bas.* » — « *Vous avez vu l'endroit ?* » — « *On l'a vu.* » — « *L'arbre dont a parlé l'enfant était bien là ?* » — « *Il était là.* »

La nuit de lundi, il n'arriva rien. La nuit de mardi, rien. La nuit de mercredi, on ne vit rien. Le jeudi, c'est lui seul qui là-bas la vit, Andriamamatatra. Tout seul. « *Tu ne crois pas encore en ces choses que je dis ? Cet enfant commet souvent des mensonges ? Ou c'est simplement que tu répugnes à me suivre ?* » *Là c'était fini. Au chant du coq, il envoyait déjà quelqu'un me chercher :* « *Ah mon gars, ça y est, c'est arrivé.* » *Il m'expliquait, c'était à lui tout seul que c'était arrivé.*

Mais, à ce moment-là, elle n'habitait encore personne. C'était toujours des rêves. Quelqu'un à la Mahavavy venait nous voir ; quelqu'un du Sambirano venait nous voir. Mais cette femme, la saha, *nous ne la connaissions pas.*

Alors, quand Andramamatatra eut accepté, quand je reçus l'ordre, je désignai des responsables provisoires qui resteraient sur place. Deux Makoa d'Andavakotoko que je connaissais bien et qui seraient les premiers manantany *et* fahatelo *de Manongarivo : Motia et Ndrazana, et un homme qu'on désigna comme* manantany *émissaire d'ici qui s'appelait Fagnivo. Il venait de Sakatia. Son* fahatelo *serait Tolyhasy, de Bevoay* [19]. *Une fois que les chefs étaient nommés, on put rassembler tous les gens du* mahabo be *et on les fit sarcler :* « *Sarclez !* » *Ils ne savaient pas exactement ce qui se passait, ils obéissaient. Mais j'expliquai :* « *Attention, tout doit être éclairci, mais cet arbre, l'*ambarasaha, *ne le coupez pas pour l'instant.* » *En quinze à vingt jours, tout l'endroit était propre. Tous les jours j'allais le matin, puis je revenais l'après-midi, je faisais l'aller et retour.*

---

17. Nom posthume de Binao, « la reine au-dessus de mille autres », faisant allusion à sa grande popularité.

18. Accessoires nécessaires aux intercessions. Il s'agit de napoléons marqués 1860, souvent thésaurisés par les membres de la famille royale ou les possédées.

19. Il s'agit d'hommes désignés comme responsables du travail rituel uniquement pour cette période. Leur désignation « duplique » de manière éphémère les structures d'autorité du *mahabo* et du *doany*.

Jusqu'à ce que tout l'endroit soit net. Quand ce fut fait, je décidai d'aller à Ampasimena. Eux aussi[20] *fournirent des gens : un* manantany *qui s'appelait Boba, un Zafindramahavita, le descendant du Boba célèbre là, qui avait hérité de son nom. Avec lui, le* fahatelo *qui s'appelait Voady. Et puis ils emmenaient leurs gens, beaucoup de gens avec eux, on emmène toujours beaucoup de gens dans ces cas-là. Et puis ils emmenèrent un petit* mpanjaka Bemihisatra *qui s'appelait Miarigny, d'Ambaliha*[21].

Ici on prit comme mpanjaka Tafara, *d'Ambendragna, un Marotsiraty. Et puis un Antimanaraka de Bemanondrobe*[22].

Et puis, quand tous ceux-là furent désignés, ma sœur mourut à Anjoan et je dus partir. Alors on arrêta tout. Ceux qui résidaient déjà là-bas [à l'emplacement du futur mahabo] *reçurent l'ordre de ne plus bouger. Je partis deux mois à Mutsamudu, j'y restai deux mois. 1938 arriva.*

Quand je revins, je voulais en finir vite, j'appelai tous les Bemihisatra que je connaissais, et j'en connaissais beaucoup. J'en appelai à Ambilobe, à Diego[23], *jusqu'à Majunga.*

On se mit au travail. On réunit des pierres et du sable, des pierres parce qu'Andramamatatra dit : « Faites un caveau de pierre. » Il ne voulait pas faire les choses comme d'habitude, il voulait des pierres pour son aînée. Et c'est d'ailleurs à ce moment-là qu'il « prit » son nom : Andriamamatatra, depuis là, depuis ce moment-là, parce que les gens remarquaient qu'il voulait construire des choses dures, fortes (fatatra).

On prit du sable à Ambatozavavy, parce qu'il y avait cette place

---

20. Au couple de *doany* l'un politique (Andavakotoko), l'autre religieux (Ampasimena), correspond un double appareil de conseillers dont la compétence est limitée territorialement. Aussi les responsables de la Grande Terre ne sont-ils convoqués que symboliquement.

21. Dans ce que le vocabulaire politique sakalava nomme « tête des *fanompoaña* », ces individus responsables transitoirement de la bonne marche du travail rituel, sont nommés de manière paritaire des *ampanjaka* de petit statut liés aux Bemihisatra (*anadoany*) qui n'ont d'autre mission que de surveiller du regard les acteurs de la cérémonie (*jadoño*) et d'agir comme témoins si une faute vient à être commise.

22. Les Marotsiraty d'Ambendraña à Nosy Be sont issus d'un groupe originaire du Boeny ayant appuyé en particulier la fameuse *mpanjaka* de Mitsingo Barera. Les Antimañaraka sont également des *anadoany* Bemihisatra très liés aux rois.

23. L'appel des Bemihisatra de Diego et d'Ambilobe fut facilité par les liens familiaux que Mahamoudou Daoud entretenait avec des parents proches dispersés dans ces villes, et avec qui il a toujours entretenu des contacts très étroits, se déplaçant au moins deux fois par an pour y passer de longs séjours.

sacrée là-bas où les gens n'avaient pas le droit d'uriner, qui était respectée[24], *et puis à Fascene, parce que c'était le premier* doany *de Nosy Be*[25]. *Mais avant il fallait désigner des Jingo pour laver le sable avec du miel cuit, parce que de temps en temps il y a des gens ordinaires qui passent et alors, même si le sable vient d'endroits sacrés, le sable est souillé. C'est le lundi qu'on prenait le sable à Ambatozavavy, et le vendredi à Fascene. C'est tous les Antandrano de Befotaka qui prenaient ces grandes quantités de sable, le déposaient à l'endroit voulu, puis repartaient. On prit les pierres à Andranobe, dans la concession de Paul Gaston qui était instituteur d'Andriamamatatra quand il était à Anorotsangana.*

Quand tout fut prêt, il fallut chercher un maçon. Ce n'était pas difficile, il y avait beaucoup de gens qui cherchaient du travail. Le mpanjaka *Bako, moi, le* rangahy *Ankiaka, on se mit d'accord avec un Sénégalais qui s'appelait Marijiany et qui serait responsable de la construction du caveau. On fit une convention écrite d'à peu près 3 000 F de l'époque. En août 1938, la construction commença, la construction du* zomba faly. *Ce jour-là, ce fut Ndriamamitraña*[26] *qui trouva le chant funéraire, il y en avait deux ; le premier c'était :*

Andrianaboniarivo qui parcourt les îles
Tu es revenue
Tes parents t'ont fait revenir
Nous sommes tes esclaves
Nous te servons

et le second, je ne me souviens pas bien. Et puis alors il y avait un charpentier qui s'occupait des bois de la construction, à chaque fois pendant la construction il y avait les moasy *d'Adramamatatra et là ils avaient enlevé les mauvais sorts qui pouvaient être sur le bois et les pierres, et alors il y avait un bœuf, ils avaient enlevé les mau-*

---

24. Il s'agit de ces « terres saintes » (*tany masigny*) disséminées principalement sur les littoraux qui, paradoxalement, sont décrites comme antérieures à l'arrivée des rois. Le choix du village d'Ambatozavavy correspond à l'ancienneté de son *mahabo* antérieur à celui d'Ambalarafia, et contrôlé par des *anadoany* liés aux groupes Bemazava du Sambirano.

25. De même, le choix de Fascene correspond à l'ancienneté des droits exercés par les dynasties Zafy ny Fotsy Antankaraña sur le Nord. Fascene fut le premier *doany* Zafy ny Fotsy de Nosy Be, sans doute contemporain de la fuite d'Andriantsoly et de sa famille proche depuis Majunga jusqu'à Anorotsangana, soit environ les années 1820.

26. Ndramamitranarivo est le nom posthume du fils de Tsiomeko, Añono, fondateur en 1849 des groupes Bemihisatra d'Antognibe-Analalava.

vais sorts avec le bœuf et puis enterré du hasigny [27] *et des médications qu'on fait toujours, pour que l'endroit conserve la fraîcheur* [28]. *Les planches, les madriers, tout ça, on avait été les chercher sur les terres d'Andramamatatra à Anorotsangana.*

Le chef Marijiany qui faisait ce travail vint m'avertir que c'était fini en mai 1939. Alors j'envoyai à tous les conseillers l'ordre de prévenir les Bemihisatra de se préparer pour aller la chercher là-bas. Et puis Andramamatatra alla demander une autorisation à l'administration, et il l'obtint. Parce qu'il fallait une autorisation pour la déplacer.

C'était quelque chose de très difficile d'aller la chercher là-bas. J'étais chef pour aller là-bas, et puis il y avait le fahatelo *d'autrefois à Ampasimena, Tombobandroko. Nous étions les deux responsables du* fanompoaña. *Et puis Tsimibiry. Après ça, il y avait quelqu'un qui s'appelait Tsaralaza, un Tsimihety qui savait manier les choses précieuses* [29] ; *et puis surtout il savait bien regarder, parce que ça faisait longtemps, il ne fallait rien perdre. Ç'aurait dû être un Antankoala, mais ils ne savaient pas s'y prendre. Il fallait bien prendre quelqu'un ; Tsaralaza là, ça ne venait pas par sa catégorie, mais c'était un spécialiste de la chose. Il était bien connu à Antsohihy. Il y avait des Jingo, Tsimibiry le Sakalava. Mais c'était lui qui savait faire ça. Il y avait des centaines de pirogues qui traversèrent. Quand on arriva*

---

27. Dans les *aody* souterrains de protection des lieux sacrés le *hasigny* (Dracoena reflexa Lam.) est très souvent inclus, à l'état de graines. Il est sans doute intéressant de noter qu'il s'agit également de la médication réputée la plus efficace pour guérir ces maladies aux symptômes divers censées être provoquées par cette transgression « par essence » qu'est l'inceste.

28. Le texte sakalava pose ici d'insolubles problèmes de traduction dus à l'existence d'un langage particulier aux faits royaux. L'expression exacte est *mahazo fanafana* : « conserver la chaleur ». De même dit-on d'un *ampanjaka* malade qu'il est *nintsynintsy* (froid). Mais si l'on se réfère à des conversations liées à des événements non fortement ritualisés, la locution *nintsynintsy* a, pour les *ampanjaka* comme les roturiers *vohitry*, une connotation de bien-être. Un endroit ou une terre est dite chaude lorsqu'on y constate l'apparition de maladies fréquentes. Dans la médication traditionnelle, toute une symbolique de la fraîcheur est associée à la guérison. Une potion ayant été appliquée sur le corps d'un malade et l'ayant guéri doit être mise ensuite à l'abri dans un endroit considéré comme « frais » (tronc d'arbre humide, marécage), la maladie étant sinon censée passer dans l'endroit « chaud ». En fait, on est en présence ici d'une inversion structurale d'un vocabulaire, puisqu'il s'agit simplement d'opposer un terme « royal » au terme usité normalement par les roturiers et qui a pour effet d'opposer deux « ordres » politiques. J'ai préféré traduire *fanafana* par « fraîcheur » dans l'optique de l'usage général du terme.

29. *Raha sarotro.*

le matin, moi le fahatelo *et Tsimibiry, les gens du* mahabo *nous appelèrent, et on fit venir Ndramandrambiarivo sur sa* saha *si jamais notre chemin n'était pas clair pour elle*[30]. *Mais rien de ce qu'elle disait ne pouvait nous attrister. Alors, après ça, les crieurs nous appelèrent*[31] *à la porte. Tsimibiry fit le* fantoko[32], *et puis, quand ça fut fini, on entra. On commença à « creuser le ciel », Tsimibiry et moi, qui étions là seuls maintenant dans l'enceinte. Il y avait des gens qui étaient rentrés, mais personne d'autre que nous n'avait le droit de regarder dans la fosse. Pendant toute la nuit, on a travaillé. Le matin du lundi, tout était fini, le cercueil avait été amené par les gens d'Ampasibe au nord du* mahabo.

On partit le lundi matin. Il fallait faire un grand détour[33] *parce qu'on n'avait pas le droit de passer près du* doany [*Andavakotoko*].

On passa par Madirokely, puis Antsaolañana. Une fois près de Manongarivo, on ne pouvait pas rentrer directement. On s'arrêta à l'Antsiandrarafa à l'ouest du grand mahabo. *Là, les Antimahabo faisaient un abri temporaire qui devait être fini en une seule journée. On la fit rentrer dedans. Elle attendit le mois d'août, parce que c'était un mois interdit. En septembre, on la fit rentrer dans sa demeure. On ne pouvait pas la faire rentrer en juillet, parce qu'à ce moment-là la porte n'était pas faite encore. C'était une porte en fer que la voirie municipale avait forgée.*

Et puis après, on commença à travailler le ferañomby *et la résidence des accessoires, et c'est précisément à cette époque-là que Hangatahy rencontra cette femme, et qu'il appela.*

Bon. Après, elle demanda des vêtements de tel ou tel aspect, des ustensiles. Je lui achetai tout, je préparai tout. Mais ce n'étaient pas

---

30. *Tsôh'lalanay tsy mazava aminany* : la métaphore du *chemin* est fréquemment utilisée pour décrire des desseins politiques quels qu'ils soient. Ndramandrambiarivo est le nom posthume de Safy Mizongo, mère de Binao, qui seule pourrait s'opposer à ce que sa fille quitte Tsinjoarivo où elle est elle-même inhumée.

31. *Hanim boay*, littéralement « la nourriture à caïmans ». Il s'agit de Sambiarivo de petit statut ayant pour fonction d'appeler les gens massés autour des maisons en contrebas des enceintes funéraires, afin que les actes rituels qui se déroulent auprès de la porte de *mahabo* ou à l'intérieur de l'enceinte funéraire puissent commencer.

32. Avant tout acte rituel lié aux *mahabo*, l'intercesseur du royaume, ou, lorsqu'il s'agit de travaux peu importants, l'intercesseur du *mahabo* lui-même, fait une adresse aux ancêtres royaux afin de leur rendre clairs les actes rituels qui vont suivre.

33. Ce détour est provoqué par l'opposition symbolique « souverain vivant » / « souverain mort », le premier étant censé être pollué par tout contact ou tout lien avec des faits ou des objets funèbres.

encore les objets dont s'était servi Ndranañabobiarivo, parce que ceux-là, c'était seulement au moment où on la ferait venir qu'on lui demanderait de les reconnaître. Il fallait encore qu'elle nous satisfasse ici, qu'on sache si elle était une vraie saha. Elle ne pouvait pas venir directement. Alors, à ce moment-là, elle expliqua : « Je ne viendrai pas encore ce mois-ci. Quand la lune sera pleine, il faudra que vous envoyiez des gens me chercher. » Alors là, son mari fit une requête : « Cette année, dit-il, est déjà presque finie, nous viendrons l'année prochaine. » C'était 1941.

En 1941, je désignai des gens pour aller la chercher, moi je restai là pour préparer les choses. J'envoyai le fahatelo qui s'appelait Soro, un vieil homme fahatelo ici à Andavakotoko qui serait chargé d'aller la chercher. Il y avait peut-être avec lui trente personnes, des conseillers, des suivantes, pour lui faire une escorte. Ils l'emmenèrent et lorsqu'elle arriva au doany, on la mit dans la maison d'une femme qui s'appelait Misa, qui était une cadette du chef des marovavy, et elle avait une grande maison. C'était un hôte, il fallait lui donner une grande maison.

Lorsqu'un jour faste, un lundi arriva, elle alla là-bas. Et cette femme n'était jamais venue ici depuis qu'elle était toute petite. Elle n'était venue qu'un court moment à ce moment-là quand elle était petite enfant, parce qu'à ce moment-là son oncle maternel avait fait quelque chose là-bas à Analalava ; alors il avait été condamné à la prison et il était venu avec la mère de cette femme. Ils étaient restés quinze jours, étaient partis, et jusqu'à ce moment elle n'était jamais revenue. C'était son deuxième voyage ici. On avait fait des recherches approfondies sur elle en attendant qu'elle vienne. Nous connaissions sa mère ; elle, nous ne la connaissions pas évidemment parce que c'était encore une enfant. Ils habitaient ici près de la mer, il y avait une maison que beaucoup de gens louaient venant de la Grande Terre, près de l'école, des gens des boutres, des patrons de boutre, des gens qui vendaient du riz. Son oncle maternel et sa mère, beaucoup de gens les connaissaient. Mais, elle, personne ne la connaissait, c'était encore une enfant. Alors, le lundi, elle alla voir Andramamatatra. Et elle lui détailla toutes les choses de sa vie, même les plus secrètes que personne d'autre sans doute ne connaissait. Des choses qui concernaient leurs maisons où ils avaient habité ensemble, des choses qui étaient contenues dans des valises. A nous, elle nous parlait de choses générales parce que c'était les choses que nous avions vues, mais c'était là-bas au zomba que la conversation était la plus fournie, elle parlait de choses qu'Andramamatatra était *seul à connaître* : « *Il y a une chose qui est comme ça que j'ai rangée ici, il y a une chose qui est comme ça que j'ai cachée ici.* »

Andramamatatra l'écouta jusqu'à ce que les larmes lui sortent des yeux, parce qu'il croyait trop à ce qu'elle lui disait.

Elle resta ici à peu près une semaine. On lui donna du riz blanc. On jouait chaque jour, les suivantes dansaient.

Au bout d'une semaine, je fis prévenir le mahabo : « *Attention, elle arrive.* » *On prépara tout. D'abord on loua un pousse-pousse il fallait quelqu'un qui ait l'habitude, c'était un de ces pousse-pousse avec une seule roue, c'était quelqu'un qui avait l'habitude de trans-porter les vazaha de l'administration.*

Elle n'alla pas tout de suite à Manongarivo, elle alla d'abord au grand mahabo. *Elle alla saluer son aînée d'abord, c'était son aînée « de loin », mais c'était son aînée. L'après-midi, elle demanda qu'on lui accorde de partir pour monter à son village.*

Là on la fit monter au fantsina, *pas au* fantsina *actuel, le* fantsina *qui avait été érigé près du grand manguier du nord. C'était un* fantsina *provisoire. Et là tous les* saha *étaient groupées, Ndramama-liki était venue aussi. Et là il fallait qu'elle recommence à montrer qu'elle était bien Ndranamboniarivo en vérité. Elle l'avait déjà fait ici au* doany *avec Andriamamatatra, mais ceux du* mahabo *là-bas n'avaient pas confiance, il fallait qu'elle détaille encore toutes ces choses qui lui étaient liées : « Je suis Ndrananaboniarivo », elle dit ; « vous avez fait monter toutes mes choses ici* [35]*, il y a mon verre en argent, il est là », elle disait, en montrant la* zomba faly. « *Il y a une cuillère en argent là », et ces choses-là il y a peu de gens qui les connaissent : le* manantany *et le* fahatelo *du* mahabo, *moi, mais les Bemihisatra sont loin de les connaître. Elle leur détailla tout. D'abord ils emmenèrent des objets qui n'étaient pas à elle : « Ce n'est pas ça. Prenez ma chemise qui a des fleurs comme ci et comme ça sur elle. Mes vêtements, voilà comme ils sont, leur soie est de telle qualité, voilà leur couleur. » Tout le monde était d'accord, et à ce moment-là on dit : « Elle nous a réjouis* [36]*, c'est-à-dire nous sommes sûrs d'elle. » On lui donna provisoirement la maison du* manantany *là-bas. Et puis elle demanda, comme elle était habituée*

---

34. *Zoky* Tsiomeko est, en effet, une collatérale de Binao de la même génération qu'elle (fille d'une fille d'une sœur du père de la mère de Binao).

35. Après l'enterrement d'un *mpanjaka*, tous les objets ayant été en contact avec son corps l'accompagnent dans l'enceinte funéraire.

36. *Sengananay.*

à parler et à rire avec beaucoup de gens, que ce soit à Ampasimena ou ici, qu'on lui fasse une grande maison : « Faites une grande maison. »

B. Analyse du conflit initial

1. Il convient, dans un premier temps, d'analyser la nature exacte de la situation conflictuelle initiale. Les faits biographiques liés aux rôles politiques internes joués par Binao et Amada de leur vivant doivent être rappelés.

Binao fut l'une des premières détentrices du pouvoir traditionnel monarchique, après l'ouverture du territoire sakalava à la colonisation, à être pressentie par l'administration coloniale. Une entrevue à Tananarive avec le résident général lui garantit la bienveillance du nouveau pouvoir en échange d'un contrôle indirect français sur des réseaux que sa position lui permettait de contrôler. Elle avait été légitimée en 1881 à l'âge de quatorze ans et avait toujours abandonné les décisions de gestion aux mains d'hommes tels que son père Bebaka, issu d'un groupe Zafindramahavita de haut statut, ou, à la suite de la mort de celui-ci à des hommes comme le gouverneur politique Bao, fils de Bebaka, mis à la retraite d'office en 1917, voire à ses différents époux. Il est peu surprenant dans ces conditions que son souvenir, encore vivace dans le Nord-Ouest, soit celui d'une personnalité généreuse mais presque faible (*malemy*), préoccupée surtout de ses amitiés féminines, entourée quotidiennement dans le grand village qu'était à l'époque Ampasimena d'un nombre de personnes que l'emphase des informateurs fait atteindre à des centaines. La générosité, qualité essentielle des *mpanjaka,* la décrit tout d'abord dans l'esprit sakalava. Forte en effet de la promesse française de protection, riche de terrains titrés sur le conseil du capitaine Pennequin, commandant le corps expéditionnaire français lors de la révolte du Sambirano, que des gages périodiquement annulés par l'intermédiaire de commerçants indiens d'Anorotsangana transformaient en argent liquide, une politique de dons et d'adoption la rendaient populaire même aux yeux de ces concurrents éventuels qu'étaient les collatéraux de la famille royale également descendants directs d'Andriantsoly. Amada, son cadet de quatorze ans, ronge son frein dès l'instant où il réalise que sa position d'enfant de Safy Mizongo est privilégiée dans la course au pouvoir. Très tôt nommé, par l'intermédiaire de sa sœur alors bienveillante, sous-gouverneur politique à Anorotsangana, son installation à Ampasimena le met en contact direct avec celle qu'il considérera de plus en plus comme une rivale. Entre 1910 et 1923, date de la mort de sa sœur, se pressent auprès de lui des responsables politiques voyant en lui le successeur très probable, Kavy, sœur germaine de Binao, mourant en 1912. Le conflit est structuralement fondé qui fait se heurter les deux personnalités. En effet, l'idéologie agnatique qui abandonne les pouvoirs réels aux mains des hommes même dans les groupes *mpanjaka*, plus indifférenciés que les roturiers, s'oppose ici à la qualité de reine qui permet à Binao de traiter au moins métaphoriquement son frère cadet en « enfant » — c'est elle et non ses conseillers qui choisiront l'une des premières épouses d'*Amada* — et de lui opposer des conduites que la personnalité d'Amada accepte mal. Cohéritier de Safy Mizongo, il supporte encore moins la politique « de prestige » de sa sœur, appréhendant, lorsque son tour viendra d'hériter, une diminution considérable des réserves de valeur gérées par les conseillers de sa sœur. Paradoxalement, les pouvoirs de gestion qui lui sont échus dès son installation à Ampasimena sont relativement étendus. Les procès-verbaux de bornage le citent comme témoin en compagnie fréquente du *manantany* d'Ampasimena, Bao, et de Charles Linta, mari de Binao. Mais un pouvoir total lui est refusé par une condition qui est un donné sociologique : il est issu d'un Comorien, et ce fait le contraint pratiquement à ne chercher d'appuis que dans les communautés comoriennes, envers qui les Zafindramahavita qui contrôlent les postes importants professent quelque mépris, malgré leur caractère commun d'islamisés, malgré la présence à Andavakotoko d'un responsable local, Daoud, né d'une mère sakalava et d'un père anjoanais. Il est aisé de percevoir que cette situation conflictuelle est due à la juxtaposition de deux individus contemporains placés dans des positions quasi symétriques pour le pouvoir. Il paraît très vraisemblable que les traits principaux de la personnalité d'Amada seront forgés dans cette nostalgie d'un pouvoir qui lui paraît d'autant plus à portée de la main qu'il en exerce certaines prérogatives, au moins à titre informel.

Le conflit initial du processus s'inscrit donc dans la continuité de cet antagonisme jamais ouvert mais reconnu, d'autant qu'Amada ne se faisait pas faute du vivant de sa sœur d'énumérer ses griefs, que Binao considérait selon une attitude indulgente et laxiste. Mais si

127

ces considérations déterminent des conflits entre contemporains, expliquent-elles l'apparente volonté de dénier, au plan rituel et idéologique cette fois, toute réalité à cette croyance omniprésente dans les systèmes monarchiques du Nord-Ouest, la présence posthume des souverains morts dans le jeu politique ?

2. Car il serait tout aussi cohérent de considérer l'interprétation inverse : celle qui tend à faire de la mort de Binao une libération des capacités sociologiques et politiques d'Amada, qui effectivement reçoit alors la légitimité Bemihisatra et l'ensemble des biens qui s'y attachent. Les interprétations des informateurs montrent à cet égard des confusions significatives, d'ordre idéologique. Pour les uns, Amada aurait alors montré un trait de caractère très lié, on l'a vu, à sa coexistence avec sa sœur : l'économie. L'enterrement de Binao à Tsinjoarivo, qui est un *mahabo* déjà constitué, aurait impliqué moins de frais que la création d'un nouveau *mahabo*. Mais cela suppose que ce trait avaricieux, alors mis en balance avec une règle fortement intériorisée qui consiste à respecter les volontés d'inhumation *ante mortem* des *mpanjaka,* l'aurait emporté sur cette dernière. Pour les autres, les faits de rivalité liés à l'ambition d'Amada, provoquée elle-même par sa position structurale, suffisent à expliquer une volonté d'émancipation, fût-ce après la mort de Binao : « Elle m'a commandé vivante, elle ne me commandera pas morte », telles sont les paroles que prêtent au souverain certains de ses conseillers encore vivants.

Dans les deux cas, il convient cependant d'observer qu'il y a, en tout état de cause, transgression. Si les explications des informateurs décrivent sur un plan psychologique le conflit, ils ne font que décrire selon un autre langage la transgression d'Amada, non l'expliquer. La pensée d'une telle décision sur le mode psychologique ne saurait être satisfaisante, puisque les acteurs au-delà de leurs intentions mêmes sont déterminés sociologiquement, en l'occurrence dans le cadre d'un champ politique [37].

3. Aussi faut-il considérer les éléments permettant de comprendre tout d'abord la décision de Binao d'avoir à elle seule un *mahabo*. Notons tout d'abord qu'il ne s'agit pas là d'une transgression, mais d'un choix permis par le système, laissant, ainsi qu'on l'a mentionné,

---

37. Au sens de M. J. SWARTZ, V. W. TURNER et A. TUDEN, *op. cit.*, p. 4 et s.

la possibilité aux individus de statut royal de choisir avant leur mort leur lieu d'inhumation. La volonté de reposer seule dans un lieu choisi par elle consiste d'une autre façon à s'éloigner de sa mère, *ampanjaka be* comme elle, inhumée à Tsinjoarivo et considérée comme sa maîtresse (*tompony*). Bien qu'aucun conflit particulier ne soit notable entre les deux femmes de leur vivant, Safy Mizongo étant morte alors que sa fille était à peine adolescente, il paraît licite de considérer cet éloignement comme un acte d'indépendance au moins *sur le plan de cet ensemble d'informations simultanément sociologiques et symboliques que sont les tombeaux royaux.* A la date de la mort de Binao, en effet, plusieurs membres du groupe de descendance centré sur Andriantsoly se trouvent déjà inhumés à Tsinjoarivo. Binao se trouverait ainsi confondue, lors des événements rituels, avec l'ensemble de ses corésidents posthumes, et confondue à eux lors des cérémonies, ou au mieux placée dans l'ordre des priorités des travaux rituels en deuxième position après Safy Mizongo. Or, le désir de donner, en même temps que la légitimité monarchique, un souvenir politique fort qui déterminera en partie la conduite générale du ou des groupes de descendance est un donné chez tous les souverains sakalava. Il suffit pour s'en convaincre de constater avec quel respect, voire avec quelle complaisance, les Bemihisatra parlent actuellement de la « maîtresse de Manongarivo », qualificatif usuel de Binao qu'un examen diachronique des faits montre voulu par elle. De plus, si l'on considère à ce premier niveau d'analyse que le choix d'un lieu d'inhumation est une sorte de legs symbolique d'un souverain à ses descendants, il ressort que la fondation de Manongarivo groupe, selon un mécanisme très net dès la mort d'Amada en 1968, la lignée (*taranaka*) et, une génération après, le segment de groupe propriétaire du pouvoir chez les Bemihisatra, Tsinjoarivo n'ayant depuis Binao fait l'objet d'aucune inhumation de parents très proches (germains, demi-germains ou enfants) d'un souverain Bemihisatra. Mais s'y groupent par contre les collatéraux lointains, tant au sens généalogique que résidentiel, ainsi les descendants directs de la fameuse *mpanjaka* de Mitsinjo Barera, et certains descendants de Safy Mainty, sœur aînée de Safy Mizongo. Il y avait dès lors dans la volonté de Binao une implication pratique dont elle fut peut-être consciente, celle de s'affirmer à l'origine d'un groupe de descendance au style politique nouveau, de s'opposer ainsi sur le plan idéologique à la représentation à sa mère. En effet, si les conflits entre Binao et sa mère semblent absents, les oppositions sociologiques sont fortes. Ces oppositions tiennent sur le plan général à l'apparition sur la scène politique du Nord-Ouest d'un acteur nouveau, l'appareil colonisateur français. Alors que la plus grande partie du règne de Safy Mizongo se passe dans un territoire encore soulevé par les *fahavalo* et les incursions hova, aux frontières indécises, alors que les rapports d'amitié affichés à l'égard de la reine par le petit corps expéditionnaire installé à Nosy Be cachent mal une méfiance instinctive, Binao, on l'a vu, est entièrement installée dans le giron français, imprégnée de l'idéologie « progressiste » qui l'amène à se faire auprès des Bemihisatra l'apologue de l'instruction scolaire, de l'occidentalisation. Ces traits correspondent sur le plan interne à de nombreuses modifications de l'ordre social, notamment dans le domaine politico-rituel : ainsi le tanguin, encore utilisé secrètement par Safy Mizongo en matière judiciaire, est abandonné au profit d'autres procédés moins brutaux ; la mort des rois ne détruit plus, dans un gigantesque incendie purificateur, le village royal *(doany)* ; une capitale politico-religieuse, dépositaire des reliques royales restituées à Majunga par Gallieni puis redistribuées, se voit adjoindre une capitale purement politique, Andavakotoko, dont l'importance se fera jour sous Binao, résident alors à quelques centaines de mètres de l'important centre de décision qu'est le district de Nosy Be.

Ces deux faisceaux d'éléments convergents semblent ainsi motiver la séparation symbolique de Binao et de sa mère, qui « joue » ou représente, sur un mode théâtral ou rituel, la naissance de nouvelles solidarités.

4. Paradoxalement, si l'on admet ce premier couple antagoniste comme exact, ce sont précisément ces nouvelles solidarités liées à l'ordre idéologique posthume que refuse Amada entendant enterrer sa sœur à Tsinjoarivo. Dans le même mouvement, il entend quant à lui la rejeter « du côté » de Safy Mizongo. « Il est convenable qu'elle rejoigne sa mère », furent ses propres mots (*tsisy fomba manjary izy io hafa tsy mañatono mindrany* ; litt. : « Il n'est pas de règle convenable en la matière autre que celle qui la fait rejoindre sa mère »).

De la fidélité à une sœur rivale ou à une mère éminente qu'il n'a pas connue, Amada choisit donc cette dernière solution. Peut-on penser que cette décision solidaire correspondait sur le plan rituel, seul pertinent en la matière, à ce que les sanctions surnaturelles censées provenir quoi qu'il en soit de chacune des deux inhumations fussent alors mises en balance ? Cela supposerait qu'Amada ait pris en charge les possibilités de sanctions émanant de Safy Mizongo à Tsinjoarivo si sa fille aînée ne la rejoignait pas. Ce qui est vraisemblable car son accès au statut d'*ampajaka be* le rend porteur du *tigny*, de capacité de sanctions surnaturelles. Sur le plan structural, ces dispositions créent au contraire un couple posthume Safy Mizongo-Binao, auquel s'opposerait l'éventuelle inhumation d'Amada dans un lieu différent. Le problème a certainement dû se poser puisque, avant sa mort, il décida que sa place à Manongarivo serait au nord du mausolée de Binao, la dominant en quelque sorte [38].

5. La considération de ces deux couples (Safy Mizongo-Binao, Binao-Amada) permet de percevoir la formalisation du processus aboutissant à la décision solitaire d'Amada.

D'un côté (Binao-Safy Mizongo), un souverain vivant s'oppose à celui dont il tient sa légitimité ; la situation se répète pour le couple Binao-Amada. Or, ainsi que l'ont montré des travaux classiques, la position structurale la plus chargée de contradiction dans les systèmes monarchiques est bien celle de souverain suprême, lequel se doit idéologiquement et structurellement d'assumer, dans une hiérarchie univoque, une place « hors système ». Dans la pensée politique du Nord, la difficulté inhérente à classifier le souverain suprême est clairement signalée dans nombre de rituels spectaculaires, et plus particulièrement dans ceux exprimant l'unicité du souverain régnant : les souverains sakalava ne sont jamais enterrés deux fois ; les rituels funéraires ne se passent qu'en un seul jour, de même que les enterrements royaux ; les plus grandes difficultés apparaissent dès l'instant où, comme à Andavakotoko, des faits de coexistence apparaissent (ainsi Fatoma, fille aînée d'Amada, et Ahamady Andriantsoly, son frère cadet).

Il est assez remarquable que, dans ce double processus de décisions contradictoires, les positions émanent précisément de souverains suprêmes, lesquels se distinguent, répétons-le, dans l'ordre idéologique par leur capacité de porteur du *tigny*, tant au sens agressif que passif : ils peuvent « toucher » *(mahavoa)* les transgresseurs, ils peuvent être touchés eux-mêmes en tant que transgresseurs. A chacun de ces passages où la légitimité change de main, les rôles politiques changent : un souverain suprême passe au statut d'ancêtre royal et un *jado* (prétendant) devient souverain suprême. Mais ils ne peuvent être touchés par leurs descendants : il y a là une homologie entre le parcours du *tigny* royal et les oppositions possibles, dont la logique finit par déterminer Amada à désobéir à sa sœur morte. Sur le plan

---

38. « Le nord est fort », dit-on (*avaratra fo mahery*).

pratique cette fois, cette transgression qui ne se situe jamais que sur un plan idéologique a cependant des implications pratiques, précisément dans la mesure où le niveau des croyances est en liaison organique avec l'ordre politique réel. Ainsi, pour répondre à la question posée au départ — quelle est la nature exacte de la situation conflictuelle initiale ? — peut-on dire qu'il s'agit d'une tentative de maximisation solitaire du jeu des possibles politiques : Amada privilégie le profit que, vivant, il pourrait tirer de l'ordre symbolique particulier qui émanerait de l'inhumation de Binao allant rejoindre sa mère, symboliquement « adoptée » par elle, dans des relations jouées par les possédés légitimes (saha). Le pouvoir vivant oublie dans sa décision qu'il est institutionnellement en communication avec le pouvoir mort, dont les décisions le dominent, et prend à la lettre la qualité métaphorique de *tompon'ndrazaña* (maître de ses ancêtres). Ce scepticisme tant au sens commun qu'au sens religieux annule la référence aux ascendants et, sur le plan structural, s'apparente à l'acte initial d'une *segmentation*. Mais il faudra retenir qu'il ne s'agit là que d'une segmentation dramatisée, n'offrant nulle pertinence sur le plan de la territorialité, de l'héritage, et en général sur le plan des normes sociologiques pratiques, sinon, répétons-le, à ce deuxième niveau où le respect des croyances liées à l'ordre politique influence en retour celui-ci.

6. Enfin, d'après ce qui précède, il est immédiat que le conflit est lié à l'ordre diachronique des successions et à ces groupes arbitrairement délimités que forment à chaque génération le souverain suprême et ses proches, inévitables rivaux pour peu que la durée pendant laquelle ils coexistent soit suffisante pour mettre en présence deux personnes « adultes ». Il serait tout à fait illicite, cependant, de considérer que les conflits liés aux volontés d'inhumation et, au-delà, à l'ordre politico-religieux général soient « structuraux » au sens classique du terme, c'est-à-dire directement déterminés par les règles sociologiques des successions et de recrutement. Au contraire, les analyses précédentes ne se rapportent qu'à des situations conjoncturelles qui ont un rapport étroit avec les *marges* du système politique, étant directement impliquées dans la décision d'un souverain suprême choisissant d'offrir une image symbolique d'elle-même, *et par là* dans la relation de son successeur. En tant que les tombeaux royaux et la disposition symbolique qui les régit déterminent la nature ultérieure des interventions des morts dans le jeu politique, il est compréhensible maintenant qu'Amada se refuse à fonder, pour sa

sœur, un tombeau royal qui sanctionnerait *ad aeternam* la position éminente de la morte dans le souvenir politique. C'est à nouveau une décision solitaire qui s'oppose à une autre décision solitaire : un vivant investi d'un pouvoir prestigieux qui s'oppose à une morte envers laquelle la fidélité s'impose. Pour les conseillers royaux qui sont dépositaires de la bonne marche de l'ordre socio-politique, c'est une situation conflictuelle douloureuse car l'ordre social est menacé par l'affrontement de normes incompatibles. L'affrontement direct avec Amada est impensable ; mais impensable aussi sa désinvolture à l'égard des dernières volontés de sa sœur. Bien sûr, les conseillers privilégiaient la fidélité de Binao, mais cela en privé, alors qu'ils n'agissaient pas ès qualités. Pour eux, cette dernière l'emporte, mais les moyens institutionnels manquent pour signifier au détenteur du pouvoir leur hostilité. La définition des pôles du conflit est simple : la décision d'Amada s'oppose à un ordre politico-religieux, ou idéologique, défini par une action contraire des dépositaires de cet ordre, les conseillers royaux. Mais cette action contraire qui donne au processus de fondation son mouvement n'est elle-même possible qu'à la suite de l'apparition de ces deux instances créant ou affirmant la légitimité de la décision de Binao : un rêve et la transe d'une possédée.

LA LÉGITIMATION DE LA SAHA DE BINAO
COMME INSTITUTION D'AJUSTEMENT

Certaines contradictions internes du récit sont particulièrement riches d'implications pour la compréhension interne du processus. Elles montrent que, dès l'appel de la possédée d'Antsatsaka, l'annulation de la décision solitaire d'Amada est déjà donnée. En effet, le déroulement chronologique du récit est, on a pu le remarquer, construit à rebours à partir du dévoilement de la *saha* légitime de Binao pour, revenant dans le temps, expliquer le rêve de Mboty, lui-même critère de légitimation de la fondation du *mahabo*. Car il y aurait quelque légèreté à négliger l'ordre de l'exposé ainsi délibérément présenté par l'informateur, qui, comme tous les chroniqueurs sakalava, ne se soucie pas du déroulement abstrait de processus découpés par le temps des horloges, mais tente d'ordonner les séquences de son récit selon une logique sous-tendue par des principes d'explication qui forment un substrat culturel hérité.

Au moment où un rêve apparaît à Amada lui-même et dissipe ces derniers doutes, l'informateur enchaîne : « Mais à ce moment elle n'habitait encore personne. C'étaient toujours des rêves... » Ce qui ne l'empêche pas de prendre à son compte l'information de la *saha* qui lui dit (parlant à ce moment pour Binao) : « J'ai fait sortir un rêve sur Mboty pour vous avertir. » La première phrase aurait pu impliquer une impossibilité culturelle, celle que des rêves fussent simultanés de l'activité de *médiums*. En fait, il n'en est rien. Lorsque Mahamoudou Daoud dit : « Elle n'habitait encore personne », cela signifie en fait qu'elle n'a pas été reconnue par l'appareil des conseillers qui sont seuls susceptibles de la légitimer au moment auquel il fait allusion. Dans les catégories sakalava, il lui est cependant impossible d'affirmer que Binao ne s'était pas déjà saisie d'un médium avant que celui-ci ne se signale à son attention. Ce n'est qu'en tant qu'il est convaincu de la légitimité et de l'authenticité du cas de possession auquel il a affaire qu'il peut accorder foi aux dires de la *saha* qui déclare qu'elle a fait sortir un rêve sur Mboty, et que rétroactivement il peut affirmer que c'est bien l'intervention de Binao habitant sa *saha* qui provoque ce rêve chez Mboty. Cette confusion est révélatrice de la conception sakalava qui ne peut admettre l'existence posthume de souverains que *représentée,* le rêve n'étant que l'annonce de la nécessité d'un processus qui aboutit à la sélection d'un individu possédé. Par la suite, la possession elle-même cohabite avec la vie politique onirique, mais elle ne vient que combler par *défaut* les vides logiques impliqués dans les demandes circonstanciées faites aux possédés et les réponses de ceux-ci. Ainsi la question de l'authenticité des *saha,* destinées à jouer un rôle dans tous les moments importants de la vie politique, particulièrement dans les moments conflictuels, apparaît particulièrement bien dans la première séquence consacrée à la rencontre de Mahamoudou Daoud et de la possédée. Le terme d'authenticité doit cependant n'être chargé d'une valeur que relative. Si dans le cas de Binao, qui compte encore chez les Bemihisatra des contemporains, la traditionnelle vérification poussée très loin, ainsi qu'on l'a vu, peut s'avérer empiriquement fondée, bien souvent la légitimation de *saha* représentant des souverains dont le souvenir ne se perpétue qu'au travers d'un souvenir oral squelettique ne tient-elle compte que d'une « ambiance » générale entourant la personnalité de l'individu examiné, à partir de laquelle les conseillers peuvent déclarer : « c'est elle », « ce n'est pas elle ».

Dans le cas présent, je me suis attaché à examiner l'ensemble de preuves fournies à Mahamoudou Daoud par la femme d'Antsatsaka. Aucun des détails généalogiques n'est convaincant. Bien qu'il s'agisse de relations considérées comme secondaires, le mariage de la fille aînée d'Amada Fatoma avec Abd el Kader Betombo est notoire, fait partie d'un savoir généalogique banal de tous les Sakalava des régions d'Ambanja et de Nosy Be sur la famille royale. De ce fait, il était facile à cette femme d'apprendre que Betombo était le cadet de Tombo, présent à l'entretien, d'autant que la famille de Tombo entretenait des relations étroites avec les Zafindramahavita d'Ampasimena, village royal lié du temps d'Amada avec toute la presqu'île d'Ampasindava jusqu'à Ambodimadiro, village proche d'Antsatsaka. Banale également la connaissance de ces femmes considérées comme cadettes de Binao bien que n'étant pas de statut royal ; Marasy, qui est encore vivante et que j'ai connue, Mbemba, Tsialomo. Il lui suffisait pour cela d'entretenir une conversation avec l'un des conseillers Bemihisatra de la Grande Terre, ou tout simplement avec l'un des habitants d'Ampasimena alors fort nombreux encore. Ces connaissances n'étaient en aucune façon marquées d'une quelconque valeur politique.

Peu convaincant également le détail de la pirogue qui verse lors de la première inhumation de Binao, tous les Sakalava, y compris ceux qui ne sont pas chargés de responsabilités rituelles ou politiques, étant curieux des moindres détails — gardés secrets quand cela est possible — des enterrements royaux, et l'événement s'étant passé devant de nombreuses personnes. Ce fait cependant ne dut lui être communiqué avec d'autant plus de réticences qu'il le fut par un Bemihisatra. Mais un Bemazava pouvait très bien en avoir été informé, les échanges et la mobilité étant grands entre Nosy Be et la région d'Ambanja.

L'anecdote concernant l'inhumation elle-même est plus troublante. Des individus désignés pour de tels travaux sont astreints à un secret total, la connaissance de détails liés à des processus rituels constituant en soi-même un pouvoir. De telles responsabilités sont liées à de grands risques. Mahamoudou Daoud est hors de cause. L'intercesseur du royaume d'alors, qui l'accompagnait dans l'enceinte, n'est mort qu'en 1953 et aurait donc pu connaître à l'époque la femme d'Antsatsaka. Je n'ai cependant aucune raison de privilégier une telle hypothèse. Les intercesseurs sont, au contraire, des gens désignés pour leur grande probité, leur sens de la discipline rituelle. Il est probable qu'en tout cas la *saha* dut déployer de nombreux efforts pour l'obtention d'un tel détail.

Restent ces étonnantes reconnaissances, dans la *fantsina* neuve de Manongarivo, d'objets ayant appartenu à Binao. Toutes les *saha,* avant de pouvoir se fixer dans les *mahabo* où sont inhumés les souverains qu'elles représentent, sont soumises à de tels interrogatoires. J'ignore selon quel processus elle a pu se trouver en possession de ces détails, je n'ai pu trouver qu'une chaîne d'explication : Binao fut mariée pendant une période de sa vie à un *ampanjaka* Zafy ny Fotsy de petit statut, Charles Linta, qui, une fois séparé d'elle, vécut à partir de 1935 dans le village d'Antsatsaka.

Ces réserves, voulant montrer que les chaînes de l'information sont suffisamment multiples pour que les *saha* puissent, en menant une enquête approfondie, arriver à connaître de manière très approfondie les vies des souverains qu'elles représenteront, ne portent en aucun cas sur l'authenticité *vécue* de cas de possession tels que celui inclus dans le récit. Ainsi que le montrent des travaux classiques[39], le véritable dressage à l'identification auxquelles s'astreignent les possédés — et c'est le cas des possédés sakalava — suffit à provoquer dans leur personnalité des capacités sensorielles et perceptives supérieures à la normale. D'autre part, on vient de constater, en examinant des « preuves » qui d'après un informateur compétent permettent de légitimer une *saha*, qu'aucune d'elles ne comporte de faits susceptibles de faire conclure l'observateur à des dons de voyance par exemple. Encore une fois, ce serait une supposition grossière que de voir dans la majorité de ces cas des supercheries arrangées à l'avance. Ce qui convainc les dignitaires, c'est la plus ou moins grande qualité de l'effort d'identification fait par la personne dont ils examinent le cas, la capacité de cohérence idéologique qu'il suppose. Le champ de la vérification empirique réelle — qui s'attacherait à découvrir, ainsi que je l'ai fait superficiellement, les possibilités empiriques d'apprentissage de détails laissés idéalement secrets — est en fait disjoint, dans le processus d'une légitimation de *saha, du champ idéologique qui seul importe.* Ainsi que l'a admirablement montré Mary Douglas, des croyances indispensables à l'ordre social peuvent très bien coexister dans l'esprit des individus avec les capacités de nier ces croyances par une attitude expérimentale, sans que cela ne nuise en rien à l'ensemble de l'univers religieux d'une société[40].

---

39. Voir en particulier R. BASTIDE, *Le Rêve, la transe et la folie,* Flammarion, Paris, 1972.
40. M. DOUGLAS, *Purity and Danger. An Analysis of Concepts of Pollution and Taboo,* Penguin Books, 1966, Maspero 1971.

Nous avons donc tracé un itinéraire circulaire, depuis les brèves définitions de la structure politique où l'on pressentait les zones conflictuelles à la réalisation dans la pratique de conflits mettant en jeu dans un ordre significatif l'ensemble des instances politiques. On a en effet des oppositions internes au groupe porteur de la légitimité, lesquelles ne sont pas arbitrables par les conseillers roturiers, bien que ce soit leur rôle. Ici interviennent ces institutions « de normalisation » que sont les devins d'une part et les possédés royaux de l'autre, jusqu'à ce que la structure soulagée de ses tensions retrouve, avec la fondation de Manongarivo, un point d'équilibre. Il faut souligner que, alors qu'un exposé synchronique laissait prévoir le rôle médiateur des possédés, l'exposé du processus le vérifie. Le *saha* apparaît sur la scène théâtrale de la vie politique alors que la structure est en voie de rééquilibre grâce à l'action des devins, médiateurs eux aussi entre les conseillers et le *mpanjaka*.

XII

DES MORTS PLEINS DE SENS

Rendre compte d'un système social, des concepts qui en dessinent les contours et les zones d'ombre, relève toujours d'une entreprise paradoxale : car les dimensions du social et du politique relèvent dans leur perception immédiate d'un ordre *synthétique* de l'esprit. La vie sociale, les représentations et les choix humains ne sont pas formés de la juxtaposition d'activités séparées ; ils constituent une unité dialectique toujours consolidée soit par les représentations locales, soit par le caractère unifiant de la *praxis* qui finit par assigner aux ordres sociaux une sorte d'évidence naturelle. Un texte doit briser cette unité réelle pour en reconstituer ensuite les éléments épars, dont la simultanéité nouvelle est ainsi le résultat d'une action analytique cachée.

Ci-dessus, les éléments principaux de la vie sociale et politique sakalava du Nord ont été ainsi mis à plat : des groupes de parenté aux groupes de résidence, des groupes de résidence à leur centralisation, de leur centralisation à leur recrutement, de leur recrutement à la hiérarchie politique, et enfin de la hiérarchie politique aux morts royaux. Mais les morts royaux, on l'a vu, renvoient eux aussi à l'ordre social qui les pose à l'extérieur de lui pour dialoguer avec eux, tels des étrangers que leur statut d'étranger permet précisément de définir comme des interlocuteurs à qui l'on peut se confier. Ainsi le petit nombre d'hommes qui partagent la décision réelle est perpétuellement et réellement confronté aux possédés royaux, à sa propre image de l'ordre politique et de la « personnalité » sociale de la monarchie. Quelle que soit la réalité concrète de la base matérielle où ils sont implantés, c'est en dernière instance les critères du dialogue entre « vivants » et « morts » qui définissent les formes sociales de la monarchie. Il est hors de doute que la forme centralisée de cette dernière, encore facilement perceptible, entretienne avec — pour reprendre des termes de Marx — « l'unité supérieure » des morts royaux des rapports d'homologie. De la même manière que l'appareil politique converge vers un souverain dont l'unicité est une préoccupation constante, le contrôle de la décision politique, le « contrôle du contrôle », selon la formule d'Edgar Morin, est assuré par des rôles sociaux placés imaginairement au-dessus du souverain lui-même. Mais ce serait retomber dans les erreurs fonctionnalistes de considérer que l'appareil politique sous sa forme centralisée est seul « réel », et que les possédés et les morts constituent comme l'image spéculaire de cette centralisation ; car cette dernière est déterminée en dernière analyse par les choix des personnages dont l'appareil politique lui-même définit le rôle, c'est-à-dire les prêtres familiaux des groupes locaux de haut statut. Chaque Sakalava du Nord qui « suit » *(mañaraka)* les Bemihisatra est ainsi, d'une certaine manière, dépositaire de l'ensemble des formes fondamentales de l'ordre politique.

L'anthropologie du politique a toujours eu tendance, semble-t-il, à oublier que les systèmes politiques produisent aussi du *sens* : en tant qu'organisations séparées d'une éventuelle « société civile », ils prennent sur eux de fournir à cette dernière les moyens de trouver un sens à l'action sociale. C'est sans doute l'originalité du système politique sakalava du Nord de *réaliser* ou d'incarner ce sens de la société et des destinées individuelles, se rappelant ainsi sans cesse le contrat fondamental et tautologique par lequel l'ordre politique est maintenu. Le sens est une préoccupation essentielle quotidienne des Sakalava ; d'un individu ayant coutume de transgresser des règles, ils disent qu'il n'a « pas de sens » *(tsisy dikan')* ; quand ils apprennent que des nations du monde ont pour idéologie officielle de ne pas croire en un dieu, ils montrent comme Botsilahy, un vieil artisan, la souche du cocotier le plus proche et interrogent : « Ce cocotier est sorti de sa graine, mais qui a fait la première graine, si ce n'est Dieu *(zañahary)* ? » Et de Dieu aux rois, il n'y a que la distance d'une phrase : « Les rois, ce sont des gens saints que Dieu a installé sur le dessus de la terre » (Jaosenga). Les Sakalava du Nord rap-

pellent ainsi, paradoxalement, qu'aucun pouvoir n'atteint la rationalité absolue, qu'il est toujours fondé sur des choix particuliers,
d'ordre idéal, qui laissent dans l'ombre ou accentuent certains des
« matériaux, rigoureusement identiques », à partir desquels se constituent les cultures ; que tout pouvoir est arbitraire et que le rêve
froid des hommes commandant aux sociétés industrielles, et qui
proclament pour le bien des ensembles sociaux la recherche de la
rationalité, n'est que leur propre image, falsifiée et suicidaire, du
sens de la société.

BIBLIOGRAPHIE
DES OUVRAGES CITÉS

AUGÉ M., *Théorie des pouvoirs et idéologie. Etude de cas en basse Côte-d'Ivoire*, Paris, Hermann, 1975.

BARÉ J.-F., *Conflits et résolution des conflits dans les monarchies sakalava du Nord actuelles*, publication provisoire, musée de l'Université de Madagascar, Travaux et documents, vol. 12, ronéot., Tananarive, 1973.

— « La Terminologie de parenté sakalava du Nord », *L'Homme - Revue française d'anthropologie*, vol. 14, n° 1, Mouton & Co, Paris-La Haye, 1974, p. 5-41.

— *Permanence et évolution d'une monarchie du Nord-Ouest malgache*, thèse de 3ᵉ cycle, université René-Descartes, Paris, 1975.

BARNES J. A., « Marriage and Residential Continuity », *American Anthropologist*, vol. 62, 1960, p. 850-866.

— « African Models in the New Guinea Highlands », *Man*, vol. 62, 1962, p. 5-9.

BASTIDE R., *Le Rêve, la transe et la folie*, Flammarion, Paris, 1972.

BLACK M. B. et METZGER D., « Ethnographic Description and the Study of Law », in S. A. TYLER, ed., Cognitive Anthropology, Holt Rinehart and Winston, New York, p. 137-164.

BUCHLER I. R. et SELBY H. A., *Kinship and Social Organization. An Introduction to Theory and Method*, The Macmillan Company, New York, 1968.

DUMONT L., *Homo hierarchicus. Essai sur le système des castes*. Gallimard, Bibliothèque des sciences humaines, Paris, 1966.

DOUGLAS M., *Purity and Danger. An Analysis of Concepts of Pollution and Taboo*, Penguin Books, 1966. *De la souillure*, Maspero, Paris 1971.

ENGELS F., lettre de 1890 à J. Bloch, in M. GODELIER, « Une anthropologie économique est-elle possible ? », *L'Unité de l'homme*, Le Seuil, 1974.

EVERS H.-D., ed., *Loosely Structured Social Systems : Thailand in Comparative Perspective*, Yale University Press, New Haven, 1969.

FISCHER J. L., « The Classification of Residence in Censuses », *American Anthropologist*, vol. 60, 1958, p. 508-517.

FREEMAN J. D., « The Iban of Western Borneo », in G. P. MURDOCK, *Social Structure in South-East Asia*, Viking Fund Publications in Anthropology, n° 29, 1960, Chicago, p. 65-87.

GEERTZ C., *The Social History of an Indonesian Town*, M.I.T. Press, Cambridge, Mass., 1965.

— « Ideology as a Cultural System », in D. APTER, *Ideology and Discontent*, The Free Press of Glencoe, New York, 1964.

GODELIER M., *Rationalité et irrationalité en économie*, Maspero, Paris, 1966.

— *Horizon, trajets marxistes en anthropologie*, Bibliothèque d'anthropologie, Maspero, Paris, 1973.

— « Une anthropologie économique est-elle possible ? », *L'Unité de l'homme*, Centre Royaumont pour une science de l'homme, Le Seuil, Paris, 1974.

GOODENOUGH W. H., « Residence Rules », *Southwestern Journal of Anthropology*, vol. 12, n° 1, 1956, p. 22-37.

— Introduction à *Explorations in Cultural Anthropology*, Mac Graw Hill, New York, 1964, p. 1-24.

HANSON A. F., *Rapa. Une île polynésienne hier et aujourd'hui*, publications de la Société des océanistes, n° 33, musée de l'Homme, Paris, 1972.

JOUVENEL B. DE, *L'Art de la conjecture*, éd. du Rocher, Paris, 1964.

KELLY R. C., « Demographic Pressure and Descent Group Structure in the New Guinea Highlands », *Oceania*, vol. 39, n° 4, 1968, p. 36-63.

KROEBER A. L. et PARSONS T., « The Concepts of Culture and Social System », *American Sociological Review*, vol. 24, 1959, p. 246-250.

KROEBER A. L. et KLUCKHOHN C., *Culture : a Critical Review of Concepts and Definitions*, Vintage Books, New York, 1963.

LAVONDÈS H., « Magie et Langage : notes à propos de quelques faits malgaches », *L'Homme - Revue française d'anthropologie*, vol. 3, n° 3, 1963, p. 109-117.

LEACH E. R., *Critique de l'anthropologie*, P.U.F., Paris, 1968.

— *Les Systèmes politiques des hautes terres de Birmanie*, Maspero, Paris, 1972.

LEFORT C., « Esquisse d'une genèse de l'idéologie dans les sociétés modernes », *Textures*, vol. 8-9, 1974.

LÉVI-STRAUSS C., *La Pensée sauvage*, Plon, Paris, 1962.

— *Les Structures élémentaires de la parenté*, Mouton, Paris-La Haye, 1949, 2ᵉ éd., 1967.

— *L'Homme nu*, Plon, Paris, 1971.

LLOYD P., « The Political Structure of African Kingdoms : an Exploratory Model », in M. Banton, ed., *Political Systems and the Distribution of Power*, Tavistock Publications, London, 1965, p. 63-109.

MANNONI O., *Clefs pour l'imaginaire ou l'Autre Scène*, Le Seuil, Paris, 1966.

MEGGITT M. J., *The Lineage System of the Mae-Enga of New Guinea*, Oliver and Boyd, Edinburgh, 1965.

MORIN E., intervention dans une « Discussion », *L'Unité de l'homme*, Le Seuil, 1974, p. 806.

OTTINO P., *Rangiroa. Parenté étendue, résidence et terres dans un atoll des Tuamotu*, Cujas, Paris, 1972.

— « La Hiérarchie sociale et l'alliance dans le royaume de Matacassi des XVIᵉ et XVIIᵉ siècles », *Asie du Sud-Est et Monde insulindien*, vol. 4, 1973, p. 53-89.

POUILLON J., postface à l'édition française des *Systèmes politiques des hautes terres de Birmanie*, Maspero, Paris, 1972.

SAHLINS M. D., « On the Ideology and Composition of Descent Groups »,
Man, vol. 65, 1965, p. 104-107.

SCHEFFLER H. W., « Ancestor worship in anthropology : or, observations
on descent and descent groups », *Current Anthropology*, vol. 7, 1966,
p. 541-551.

SCHNEIDER D. M., *The American Kinship*, Englewood Cliffs, N. J., Prentice
Hall, 1968.

SWARTZ M. J., TURNER V. W. et TUDEN A., eds., *Political Anthropology*,
Aldine Publishing Company, Chicago, 1966.

TYLER S. A., ed., *Cognitive Anthropology*, Holt, Rinehart and Winston, New
York, 1969.

VALERI V., « Le fonctionnement du système des rangs à Hawaii », *L'Homme
- Revue française d'anthropologie*, vol. 12, n° 1, 1972, p. 29-66.

VOGEL C., *Organisation familiale et territoriale en Imerina orientale*, Cahiers
du Centre d'anthropologie sociale et de sociologie de l'Université de
Madagascar, n° 2, Tananarive, 1973.

TABLE

PUBLICATIONS
DU CENTRE D'ÉTUDES
AFRICAINES - CARDAN *

1. *Dossiers africains*

Chaque volume de cette collection vise à faire le point de façon succincte et précise sur un domaine, un thème ou un problème concernant le continent africain. Il s'agit de mettre sous une forme accessible (aussi bien par la taille que par le contenu) une information, une réflexion et une documentation qui restent trop souvent d'accès difficile pour le profane et qui sont pourtant nécessaires à la compréhension de la société africaine contemporaine. Entre la thèse et l'article de journalisme, entre la bibliographie spécialisée et la vulgarisation touristique il y a place pour une documentation active qui puisse aider ou guider le chercheur, l'enseignant, l'étudiant, le cadre ou le militant politique.

Ces dossiers se veulent des outils de travail, et leur présentation générale articule une synthèse originale, une bibliographie sélectionnée et commentée, des explications de textes, ainsi que des articles inédits ou difficilement accessibles. Ces dossiers se veulent directement complémentaires, ce qui fait que certains thèmes ou analyses renverront d'un dossier à l'autre. Cette série de synthèse documentaire sera complétée par des recueils d'articles ou des textes originaux qui permettront aux tendances nouvelles de la recherche en sciences sociales de s'exprimer. C'est pourquoi cette collection essaiera de signaler à l'attention de ceux qui travaillent sur l'Afrique et en Afrique les idées ou les méthodes parfois élaborées à partir d'autres terrains ou préoccupations. Cette intention est d'ailleurs un souci permanent de cette collection dans la mesure

---

* Centre d'analyse et de recherche documentaires pour l'Afrique noire.

où, centrée sur l'Afrique et consacrée à l'Afrique, elle démontrera néanmoins l'impossibilité d'une réflexion uniquement africaniste. Elle proposera des directions d'analyse sur les problèmes encore mal perçus ou reconnus, qu'ils soient imposés par l'actualité sociale ou les problématiques scientifiques. Elle suggérera une reconsidération des domaines traditionnels de l'africanisme et des théories qui lui sont liées.

2. *Cahiers d'études africaines*

Cette revue paraît trimestriellement depuis 1960. Un éventail de chercheurs de toutes nationalités, appartenant à toutes les disciplines des sciences humaines, présentent, en français ou en anglais, des études scientifiques inédites sur les sociétés, les économies, les cultures et les civilisations du continent africain. Elle comprend en outre une chronique bibliographique assurée par le Centre.

Les *Cahiers d'études africaines* sont publiés avec le concours du CNRS.

Numéros spéciaux :
N° 30 :
    « Littérature orale et folklore africains » (édité par Denise Paulme).
N° 35 :
    « Les relations de dépendance personnelle en Afrique noire » (édité par Georges Balandier).
N° 45 :
    « Recherches en littérature orale africaine » (édité par Denise Paulme).
N° 47 :
    « Systèmes agraires africains » (édité par Gilles Sautter).
N° 51 :
    « Villes africaines » (édité par Paul Mercier et Gilles Sautter).
N° 53 :
    « Problèmes de la domination étatique au Rwanda : histoire et économie » (édité par Claudine Vidal).
N° 60 :
    « Thématique et symbolique des contes africains » (édité par Denise Paulme).
N° 61-62 :
    « Histoire africaine : constatations, contestations » (édité par Henri Brunschwig, Catherine Coquery-Vidrovitch, Henri Moniot).

3. *Bulletin d'information et de liaison*

La collection, créée en 1969, comprend plusieurs séries, à parution annuelle (ou occasionnelle).

Inventaire de thèses et mémoires africanistes de langue française soutenus : 6 fascicules parus, signalant 4 019 titres.

Inventaire de thèses africanistes de langue française en cours : 6 fascicules parus, signalant 4 495 titres ; cette série devra être absorbée par la série suivante, dont thématiquement elle fait partie.

Registre de recherches africanistes en cours : 4 fascicules parus, décrivant 1 730 thèmes de recherche dans leur cadre institutionnel ; les notices analytiques indiquent un certain nombre de paramètres propres à chaque recherche — auteurs, dates, financement, enquêtes et missions, méthodes, finalité de la recherche, matériaux bruts récoltés et lieux de dépôts, données bibliographiques.

Etudes africaines : inventaire des enseignements dispensés dans les pays francophones : un numéro spécial portant sur l'année 1971-1972. Organismes d'enseignement, programmes et enseignants, présentés dans 440 notices descriptives.

Inventaire des ressources documentaires africaines : deux numéros réalisés, portant respectivement sur les bibliothèques et centres de documentation africanistes à Paris (129 notices) et les bibliothèques de l'Afrique centrale (272 notices).

Bibliographie française sur l'Afrique au sud du Sahara : 7 fascicules parus, totalisant 6 953 références. Cette bibliographie est une réalisation conjointe des membres du Comité interbibliothèques pour la documentation africaine (Bibliothèque nationale, Fondation nationale des sciences politiques, Cardan).

Toutes ces séries, la bibliographie mise à part, traitent du *continent africain* (Afrique du Nord et Madagascar compris). Les informations recueillies proviennent principalement de la France, puis de tous les autres pays partiellement de langue française dans le monde. Elles sont réunies par voie d'*enquêtes*.

Les données sont présentées sur fiches ; leur découpage et classement suivant les rubriques géographiques et/ou matières proposées permettent la constitution de *fichiers* adaptés aux besoins des uns et des autres.

4. Fiches d'ouvrages

Cette bibliographie, signalétique et annuelle, présentée sous forme de fiches, constitue essentiellement un complément à la série bibliographique analytique, publiée par le Cardan sous le titre « Fiches analytiques » jusqu'en 1969 et, à partir de 1970, dans la « Bibliographie ethnographique de l'Afrique sud-saharienne » (voir plus bas).

Les huit volumes parus de 1965 à 1975 contiennent 12 840 références. A partir du volume VIII, cette bibliographie est publiée en trois fascicules, non brochés. Les notices sont classées suivant les grandes zones géographiques, subdivisées par pays. Chaque fascicule est complété par trois index : noms d'auteurs, ethnique et linguistique, systématique. L'index géographique cumulatif paraît à la fin du 3ᵉ fascicule.

5. Collaborations extérieures et autres publications

Bibliographie ethnographique de l'Afrique sud-saharienne : bibliographie analytique publiée annuellement par le Musée royal de l'Afrique centrale (Tervuren, Belgique), avec le concours du Cardan.

Nomenclature des populations, langues et dialectes d'Afrique Noire : essai d'un inventaire descriptif, par pays, où l'on s'efforce de rassembler et éventuellement de comparer des informations relatives aux populations et aux langues (noms et synonymes, classifications et apparentements). Déjà publié : « Essai de nomenclature des populations, langues et dialectes de Côte-d'Ivoire » (1975, 2 vol. : 2 300 fiches environ). A paraître : « Essai de nomenclature des populations, langues et dialectes du Dahomey ».

Pour tous renseignements concernant ces publications, on peut s'adresser au Centre d'études africaines, 54, bd Raspail, 75006 Paris.

ACHEVÉ D'IMPRIMER EN FÉVRIER 1977
SUR LES PRESSES DE L'IMPRIMERIE AUBIN
86 - LIGUGÉ / VIENNE
DÉPÔT LÉGAL : 1ᵉʳ TRIMESTRE 1977
1ᵉʳ TIRAGE : 3 300 EXEMPLAIRES
ISBN 2-7071-0882-0

Will   Irma   Taranee   Cornelia   Hay Lin

Keeping Hope

Adapted by KATE EGAN

VOLO

an imprint of
HYPERION BOOKS FOR CHILDREN
New York

© 2005 Disney Enterprises, Inc.

W.I.T.C.H. Will Irma Taranee Cornelia Hay Lin is a trademark of Disney Enterprises, Inc.
Volo® is a registered trademark of Disney Enterprises, Inc.
Volo/Hyperion Books for Children are imprints of Disney Children's Book Group, L.L.C.

Printed in the United States of America
First Edition
1 3 5 7 9 10 8 6 4 2

This book is set in 12/16.5 Hiroshige Book.
ISBN 0-7868-5279-8
Visit www.clubwitch.com

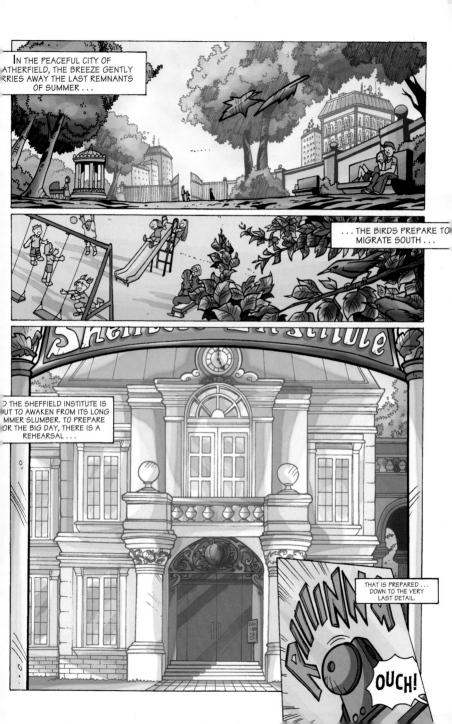

ONE

Butterflies fluttered in Hay Lin's stomach as she got ready to launch into her What-I-Did-on-My-Summer-Vacation story. She'd heard all of the words she was about to say fly out of her friends' mouths before: boys; crushes; dates. But she'd always been the audience when they came up . . . never the one who was front and center and saying the lines. Suddenly she was developing a major case of stage fright!

It was nice to be in the limelight for once, Hay Lin had to admit. But somehow it doesn't feel like me! she thought. She still couldn't believe all that had happened since her friends had left town and summer vacation had come and gone. She couldn't wait to spill the details—but she was a little worried about

1

what her friends would think . . . or say.

Hay Lin took a deep breath and looked at them. Will, Irma, Cornelia, and Taranee were all gazing at her with full attention, waiting for her to begin.

Here are the four people I want to hang out with most in the whole world, Hay Lin told herself. Well, four of the five, anyway. Maybe I'll see the other one later. He might even be in one of my classes! I can trust them. And, no matter what they think of my story, there's one major side benefit of telling it. I get to relive every moment of meeting my first major crush! I get to say his name out loud! Hay Lin tried not to giggle.

And so she began to tell her friends the whole story. . . .

It had all started when Hay Lin was in Heatherfield Park, Rollerblading all by herself . . . which was something she did all the time. Usually she was really great at Rollerblading, but that day there seemed to be something wrong with her. She was totally off balance! She couldn't remember what she was thinking, but for some reason she'd decided to get an ice-cream cone, even though she was having a hard time staying up as she skated.

As soon as she held the cone, Hay Lin knew she'd made a mistake. She decided to skate over to a bench and eat the ice cream sitting down. But she was so focused on not dropping the cone that she glided back on to the bike path without looking where she was going. Before she realized what was happening, she saw a motorbike coming right at her!

She did her best to keep ahead of it, and she thought she'd be okay if the motorbike could somehow manage to swerve out of her way. But that was not the case because suddenly her purse flew out and hooked itself on one of the handlebars! Suddenly, Hay Lin was attached to a moving motorbike!

Hay Lin was terrified.

If only I'd worn my helmet, she thought despairingly. Who will I call if I have an accident? The motorbike's brakes were screeching; Hay Lin was sure she'd be flung into the bushes when the bike finally stopped.

Hay Lin crashed to the ground, somehow managing to hold on to her ice-cream cone! She wasn't hurt, but she was *totally* mortified.

The rider of the motorbike rushed over to her. "Are you still in one piece?" he asked.

Hay Lin avoided making eye contact. "Yeah? Why? Want to take another shot at me?" she said, trying to lighten things up. She saw a flash of concerned brown eyes, and she looked down at her legs and said, "I don't think anything's broken." To herself, she added, I need to get out of here. Right now!

The bike-rider's voice sounded genuinely worried. "Are you sure?" he asked her. "Is there anything I can do?"

"No, really . . . I'm okay," Hay Lin stammered. She just wanted the episode to be over. And then . . . she really looked at him for the first time.

The guy was just about her age. He had thick, dark, wavy hair and soft brown eyes that were completely focused on her at the moment. Hay Lin knew it was corny, but she couldn't help it . . . the guy's friendly smile took her breath away.

"Here, let me help you up," he said, extending his hand. After looking into his eyes, Hay Lin wasn't sure her legs were strong enough to hold her, but she took the boy's hand. She could have sworn that sparks flew. "Uh, yeah, thanks," she said. She didn't want to let go.

"Hey, you okay?" he asked again. "Man, what a fall!"

Hay Lin felt her face turning scarlet. With a big goofy smile, she replied, "Everything's fine, thanks," as politely as she could.

Maybe the guy was fooled into thinking she wasn't flustered by having a near-death experience and holding a cute guy's hand, all within a matter of seconds. But the rider of the motorbike quickly found out just how flustered she was, because somehow Hay Lin finally let go of her ice-cream cone! With a *splat* it crashed into the guy's shirt and slowly dripped down on to his shorts. Hay Lin's jaw dropped as the cute guy began to laugh. "Unbelievable!" he said. "Unbelievable!" He didn't seem bothered, but Hay Lin was.

"Unbelievable" is right, she thought. Why do things like that *always* happen to me?

She pretended to laugh, too, and then backed out of the park as quickly as she could, apologizing over and over. Talk about an awkward encounter.

The whole way home she thought about the

incident and what her friends would have done. Cornelia would have asked the guy's name even after she'd covered him with ice cream. Irma probably would have gotten his phone number.

I'm hopeless! Hay Lin thought. She almost wished that the encounter in the park had never happened. She wanted to see the boy again . . . but even if she had known how to find him, it would have been too humiliating.

Hay Lin wondered how her friends always knew what to do when boys were around. Hay Lin liked being the independent one—she'd never wanted to be tied down by a boyfriend. But while she had been happy with her independence, her friends had been busy figuring out the boy situation.

And it's not like we weren't also busy with other things, Hay Lin reminded herself. How do they manage to fit it all in?

On top of all the usual stuff that mattered to girls their age, they were supposed to save the world! It made dealing with boys seem super easy.

It wasn't very long ago that the five friends had hardly known one another. Will and

Taranee had been new in town and immediately drawn to the others, but they had only just started hanging out together when Hay Lin's grandmother had made a big announcement out of the blue: the five of them hadn't met by *accident*—they were *destined* to be friends. That was because they'd been anointed as the next Guardians of the Veil by the Oracle, a man who lived in a place in the middle of infinity called Candracar.

Many centuries before, the Oracle had erected an invisible barrier, called the Veil, between the peaceful earth and a troubled world called Metamoor. Since then, the dark forces of Metamoor had tried many times to pierce the Veil, but the barrier had always held them back . . . until recently.

With the coming of the new millennium, weak spots had developed in the Veil, and openings, called portals, had opened between the two worlds. Unless something prevented it, the earth would be overrun by the evil that had been contained for so long. And that would be seriously bad news.

The girls' first job as Guardians was to close the portals. It sounded just about impossible, until the girls learned two things. First, the portals were all located in their hometown of Heatherfield, which meant they could work for the Oracle without blowing their cover. And second, the Oracle had anointed the girls with special powers to help them get the job done. Each of them would control one of the elements of nature!

Hay Lin had power over the air, which fit her perfectly. With her magic, she could float on the air and whip up a breeze whenever she chose to. Solid and logical Cornelia controlled the earth, while cool, quiet Taranee revealed her hotter side with her utter mastery over fire. Irma's magic controlled water. Just like one of Irma's moods, water could go from a trickle to a flood in no time flat! And Will? Well . . . Will had the most amazing power of them all, the magic that brought all the others together. She controlled a luminescent pink orb called the Heart of Candracar, which appeared in her hand whenever she really needed it. While each of the girls could transform by herself into a Guardian, the magical orb made the girls stronger. Will's power was energy, and her power energized and united the girls. The Heart would kick their magic up a notch, and with it there was almost nothing the girls couldn't do.

The girls had even come up with a name for their group: W.I.T.C.H. It was an acronym composed of the first letters of each of their names. Then they had set out to close the portals and save the world—and they'd succeeded. They'd even brought down Metamoor's ruthless monarch, Prince Phobos. It had felt as if they were unstoppable!

Hay Lin's thoughts were interrupted when she noticed her friends staring at her. "And then?" Irma demanded.

"And then?" the rest repeated.

Hay Lin had been totally distracted for a minute. Her friends were anxiously waiting to hear what had happened with the guy in the park.

Hay Lin smiled. She couldn't wait to go on. This was the good part. "Well, we saw each other again that night," she said, blushing. What had happened next was a total surprise.

She was supposed to be working at her family's restaurant, the Silver Dragon, that night, but calling it work was a stretch—there wasn't a customer in sight. Hay Lin stood behind a counter, reading a book and waiting by the phone for take-out orders. It was hot so close to the kitchen, but Hay Lin had a handheld fan to keep her cool. The fan's whirring sound also helped block out the clatter of pots and pans from the kitchen behind her, where the cook, Fang, was cleaning up.

The kitchen door swung open, and Fang came out, wiping his forehead with a towel. "You're still here?" he asked her. "Don't you know what's happening tonight?"

Hay Lin's eyes didn't leave her book. "Um," she murmured, "let me think." She didn't really want to be bothered. Whatever was happening outside the restaurant might as well have been happening on the moon. She'd promised her parents she'd work, and that was that. She had no intention of making other plans.

But the cook didn't seem to care what Hay Lin said. He started telling her about all the excitement she was missing on this paticularly *steamy* night. "They say the sky will be full of shooting stars!" he said proudly, as if he had put together the light show. "A dream will come true for each one you see."

Hay Lin thought of the guy from the park. "Sounds great," she said. Under her breath, she added, "There's a special wish *I'd* like to make." To run into that guy again . . . but not like the last time, she added to herself. Sighing, she put her book down on the counter, but its spine caught on a plastic tray, full of change that the last customer had left there, and sent it flying. "Oh, no!" Hay Lin said. She dived behind the counter to pick up the coins.

She was scrambling for the last few pennies when she heard someone walk into the restaurant and say, "How are you tonight?" The voice sounded familiar to Hay Lin, but it was speaking Chinese—a language she spoke only with her family. Who could it be?

"How are you tonight?" the voice repeated. Hay Lin was still trying to place it when she realized the voice was not directing itself at Fang but at *her*, and she couldn't be rude to a customer—it was one of her family's cardinal rules. Hay Lin got up from the floor as gracefully as she could. "I'm fine, thanks," she replied, a bit coolly.

When she finally looked up at the customer, though, she almost landed on the floor again.

No wonder the voice was familiar. It belonged to the boy from the park! She had no idea how he'd tracked her down, but, there he was, gazing at her shyly . . . and sweetly.

"Oh, great!" he said. He continued in Chinese. He was inviting her on the date of her dreams. "Want to go and count the shooting stars?" he asked finally in English.

Hay Lin was speechless for a second, but Fang filled in the silence. The cook stood behind the boy, gaping in surprise. "Who is he?" he whispered loudly in what he must have *thought* was a subtle way.

"Fang, this is . . . um . . ." Hay Lin stammered. She stumbled over his name, embarrassed because she clearly didn't know it.

"Eric Lyndon," the guy said after watching Hay Lin flail about. Then he added, "Pleased to meet you," and extended his hand to Fang.

The cook wasn't known for being friendly —he always said that the kitchen was the best part of the restaurant because it was farthest from the customers. But Hay Lin could tell he was intrigued by Eric. Fang squinted and stuck his nose in the air as he considered the boy. "So the young man speaks Chinese," he said. "Good going, Hay Lin!"

Hay Lin could feel her face turning red. "Fang!" she cautioned him.

"I only know a few words, and my accent is terrible," Eric Lyndon said modestly.

Suddenly, Fang was in a joking mood and pretended to be reading a fortune from a fortune cookie. "Wise man says, 'The accent is not important if the grammar is flawless.'" In his normal voice, he added, "What *is* important is that you get Hay Lin back on time." He smiled at Hay Lin and, when Eric's back was turned, winked.

The Guardian knew exactly what Fang was getting at. He's letting me go out on this date! she realized. And *nobody* needs to know!

A minute ago, Hay Lin had been resigned to spending the evening in the restaurant reading alone while shooting stars were lighting up the night sky. Now she was about to go out and watch them streak through the darkness with a mysterious boy who spoke her language . . . literally!

Hay Lin, let's get out of here quick! Hay Lin said to herself. She felt a little nervous about being alone with Eric, but she also felt strangely bold. Smiling, she grabbed his arm and said, "Let's get out of here, quick!"

Turning around, she caught Fang's eye and winked back at him. She would make it up to Fang somehow, but right now she wasn't going to worry about him closing the restaurant up by himself. "Thanks, Fang! Tell Mom and Dad I'll be back soon!" she said. Hay Lin stopped talking and sighed. She had told her friends the whole story and was almost afraid to meet their eyes. Her date with Eric had been perfect, and the only thing that could have made her happier would have been to see more of him at school that year! But what if that's all it was? One perfect night? Hay Lin worried that she'd missed some warning sign. What did it mean that he'd asked her out? Hay Lin thought that it probably meant that Eric liked her . . . but was there another way to see it?

Hay Lin crossed her fingers behind her back for good luck, then looked right at Cornelia, who was the most knowledgeable of all the girls on the subject of boys. And when she grinned back, Hay Lin's heart lifted, because all she needed to know was right there in her friend's happy look. Hay Lin was overjoyed to have a crush on Eric, but she was even more grateful to have friends like these. W.I.T.C.H. would be with Hay Lin in matters of love . . . just as it was in everything else.

TWO

Cornelia could practically feel the energy in the air as she walked toward the Sheffield Institute—or, the Sheffield Institution, to those in the know. Kids were thronging from all directions toward the big stone building. Its golden gates had been thrown open to the returning students and the clock over the entryway was ticking away the last moments of summer vacation. Nobody would be happy to see the summer end, but there was something exciting nonetheless about the first day of school. It was a whole new start. Anything could happen.

But it's all downhill from here, Cornelia reminded herself. Today people are tanned and relaxed and dressed up in summer styles. This time next week, though, there will already be a routine in place. It will seem like the summer never even happened!

Cornelia wasn't looking forward to sitting in classrooms or taking tests. But school had never been very hard for her. For one thing, she was a straight-A student. And for another, she'd always belonged to the school's popular crowd, the Infielders. Compared to the way it was for some other kids, school was a breeze for Cornelia.

It's funny how I don't care about that stuff anymore, though, she thought. Hanging out with the cool kids and all that seems silly. Popularity contests and being in on all the latest gossip is a thing of the past for me. The only thing that matters is that I'm with my true friends now—the Guardians.

She suddenly had the weird feeling that the *summer* had been long and hard and that *school* would be a welcome refuge. In fact, the summer felt like a complete blur. Cornelia shook her head and tried to clear her mind.

Uncharacteristically, Irma was leading the way toward the school doors. As usual, though, she was also goofing off, pretending she was the cook from Hay Lin's restaurant. "Wise man says, 'If Hay Lin doesn't go to Eric, Eric will go to Silver Dragon,'" Irma said in a silly voice, holding two pencils to her nose in an imitation of Fang's mustache.

"Ha-ha! Cut it out, Irma!" laughed Taranee.

Cornelia smiled. Sometimes Irma could really crack her up—but sometimes she bugged her a lot, too. This was a time for new beginnings, Cornelia remembered. The first day of school was a blank slate. She had a feeling *Irma* wouldn't be ready for a personality makeover anytime soon. Hay Lin, however, was definitely changing.

Now that Hay Lin had told them her story about Eric, she lingered toward the back of the group, almost as if she were nervous. Her head was down, and she was playing with a loose strand of hair.

Cornelia waited for Hay Lin to catch up. "Shooting stars . . . wishes . . ." she said to her friend with a nudge. "Are you leaving anything out about that night?" Cornelia had read enough books to know how important it was to analyze every detail when it came to dates. Plus, she was dying to know what *exactly* happened next. Had Eric kissed Hay Lin? Had she seen him again after that night?

Starry-eyed, her friend responded, "We're just good friends is all! He told me such wonderful stories. . . ."

Did Hay Lin really believe what she was saying? Cornelia asked herself. She could claim all she wanted that she and Eric were just friends, but Cornelia detected a different note in Hay Lin's voice whenever she mentioned his name. She's smitten, Cornelia decided. But maybe a little afraid to admit it.

"Did you know that the heavenly vault is divided into eighty-eight sectors, corresponding to exactly that number of constellations?" Hay Lin asked dreamily.

Irma turned around. "Of course I know that!" she said. "Who doesn't?"

Her friends gave her a doubtful look. They knew Irma too well to fall for the little lie.

"Really, I did!" Irma insisted, rolling her eyes.

Cornelia almost started laughing at Hay Lin's random factoid—until she realized it must have had something to do with Eric. She fell into step with her friend as Hay Lin finished describing the details of their date.

"Eric had just arrived in Heatherfield," Hay Lin explained. "We went to the observatory, where he lives with his grandfather, Professor Zachary Lyndon."

The name didn't sound familiar to Cornelia. But she'd seen the observatory on the edge of town—a small, domed building on a bluff near the water. She'd seen seagulls swarming around it, but never any people there.

It's probably a great place to see the stars, Cornelia thought. It's isolated and far from the lights of the city. The only noise would be the sound of each other's heartbeats. Talk about romantic!

It made Cornelia happy to think of her friend basking in starlight on an empty rooftop with a boy she liked. And it gave her a little thrill to think of Hay Lin crushing on this mysterious stranger, Eric. Hay Lin sort of floated through life—it could be hard to get close to her, hard to pin her down.

If she's falling for this boy, though, we'll have something new in common, Cornelia thought. Something else to draw us together besides the whole Guardian thing.

Hay Lin's voice still sounded dreamy as she continued to talk about Eric. "He told me about the stars and about all the trips he's been on. It's amazing! He's lived with his parents *all* over the world!"

Which could be why he speaks Chinese, Cornelia noted silently. With all that traveling, he was bound to pick up a few things—like foreign languages.

"He's been to such fascinating places," Hay Lin continued. "And he sees the good in all of them. His stories could make anyone believe that suffering doesn't exist in the world!"

It took Cornelia a moment to wrap her mind around that one. And when she did, she found herself getting all philosophical. She felt certain that, no matter what Eric had told Hay Lin, suffering did exist. Someplace else. Or was it closer? Cornelia knew she led a charmed life in Heatherfield, and yet when Hay Lin said, "suffering," the word resonated in Cornelia's soul. It was as if she'd experienced it herself . . . only she was sure she hadn't.

Some people believe in past lives, Cornelia thought. Maybe that is what is going on— something awful happened to me long ago. Or was something happening on the other side of the universe reverberating inside me for some reason that no one can explain? Am I feeling someone else's suffering?

Cornelia moved away from the cosmic questions with her usual self-discipline. This was Hay Lin's moment, and she deserved Cornelia's complete attention.

How magnificent it would be to gaze into the night sky, she thought, and to see the Milky Way through an expert's eyes! As the earth girl in her group, Cornelia was totally grounded. But something in Hay Lin's story made her long to lose herself in the stars, to travel across galaxies to something—or someone—far away. . . .

Again, Cornelia's thoughts ground to a halt. What was going on? she wondered. What did she need to escape from? She'd never had mixed feelings at the start of a school year before. She was usually excited to start. But this time, it was as if she had unfinished business. But what could it be? Cornelia asked herself. Was it something to do with this summer?

Come to think of it, she realized, it was hard to remember the summer at all. She recalled spending a week with her friends at Camp Cormoran, where Irma's family had rented a cabin. Then her dad had picked her up and driven her back to Heatherfield. And soon after that, the Hale family had embarked on another vacation, this one at Riddlescott Lake. They'd had a splendid house on the water; Cornelia had loved it there.

As she and her friends entered the crowd of students inside the gates, Cornelia thought of the summer scrapbook she'd just put together. There were photos in it, of Irma making funny faces for the camera, of Will glued to her cell phone on the beach, of Taranee with her brother in the mountain town of Sesamo, of Hay Lin fast asleep. There were postcards her friends had sent her when they had been separated, and mementos from their time together, like chopsticks from the Silver Dragon and ticket stubs from a concert. Suddenly Cornelia was glad she had put it all together. That was what a scrapbook is for, she thought. To preserve memories. And it looks like I'm going to need all the help I can get! Because I can't seem to remember everything.

Cornelia felt sure the details would come

flooding back once she looked at her scrapbook again. Then she would turn them over and over in her mind as she sat in class, thinking longingly of her weeks of leisure.

Anyway, she thought, my memory had better sharpen up before my first test is scheduled. Otherwise, this school year will be a lot tougher than I thought!

THREE

Yan Lin shook her head slowly as she observed the Guardians in Heatherfield, beginning their new year at school. It was not very long ago that she'd lived with Hay Lin's family above the Silver Dragon and taken great pride in getting her granddaughter ready for the first day of school.

Yan Lin fondly remembered the way she would fuss over the girl's outfit and braid her hair. She would put a special treat in Hay Lin's lunch box and wave to her until the girl disappeared into a crowd of children at the street corner.

How long ago all that seemed! Yan Lin thought wistfully. And how much had changed since then! So many things had happened to her granddaughter—some good, some bad.

Just like her granddaughter, Yan Lin had once been a Guardian. She served Candracar even now, but in a different way: when Yan Lin's life on the earth had ended, she had come to Candracar to serve as one of the Oracle's most trusted advisers. Yan Lin was grateful for the way she could help the Oracle while continuing to keep an eye on Hay Lin from this magnificent, magical place. But just then, she was deeply concerned about the young Guardians.

The girls had triumphed in closing the portals and restoring the rightful heir to the throne in Metamoor. But lately it had become clear to those in Candracar what the Guardians' next mission would be, and the news had Yan Lin extremely worried.

The Guardians were to face a new foe—Nerissa. And Nerissa was far more devious and destructive than Prince Phobos. If she had her way and got her hands on their powers, Nerissa would be able to use them with devastating force against the girls . . . and Candracar! She was a horrifying force and one which the

Guardians should never have had to face.

Yan Lin sighed. I hope the Oracle knows what he is doing, she thought. There is so much riding on his decision . . . so many lives.

It was not like her to question his decisions, but this time she had her doubts about his latest plan for the Guardians. He had arranged for their memories to be wiped clean for a while, until he deemed them ready to face Nerissa. The Oracle was all-knowing and all-powerful, but once in a great while he made a mistake.

What if he is making a mistake this time? Yan Lin wondered anxiously. What if he is unwittingly putting Hay Lin and her friends in harm's way by erasing all they have been through with Nerissa this summer?

The possibility made Yan Lin shiver with fear. She, of all people, knew Nerissa's strength. She had once been her fellow Guardian, and Yan Lin had been witness to her downfall. What if the Oracle had underestimated Nerissa's thirst for revenge? Or, her pure evil nature.

Yan Lin had hoped the girls would get a breather after their first mission. But that was not to be the case.

Nerissa's evil had crept into their summer vacation. Nerissa had found the Guardians and invaded their dreams, making sleep a nightmare. And she had actually made contact with the girls. It would not be long before her shadow fell over their school year as well.

It is all in the life of a Guardian, Yan Lin reminded herself, to bounce from one crisis to another. But she remembered the aftermath of the young Guardians' first mission all too well. It had taken quite a toll on the five girls. Their friendship had almost been destroyed.

After the Guardians had closed the portals in the Veil, they had returned to Heatherfield, divided. In Metamoor, yes, they had worked as a team to defeat the ruthless prince. They had also worked with the rebel forces, led by a young hero named Caleb.

Once, Caleb had been a type of flower in one of Phobos's extensive gardens. These flowers were the Murmurers, the eyes and ears of the kingdom—the prince's informants. Caleb, through the sheer force of his will, became a boy again, and then a leader of the rebels. With his good looks and brave personality, he made a great leader. When Cornelia met him, it was love at first sight—though she had actually seen him in her dreams before.

There was no law against a Guardian's falling in love. But Cornelia took a grave risk in loving a boy who had, after all, once been on the other side.

Prince Phobos also felt strongly about Caleb . . . in a completely opposite way. He reserved a special hatred for him, and his last act as the ruler of Metamoor was to turn Caleb back into a flower!

When she returned home, Cornelia was absolutely crushed. She'd smuggled Caleb, in flower form, back to Heatherfield and vowed never to leave his side—even if it meant being separated from her friends. She was overwhelmed with grief, and couldn't deal with anyone—even her closest friends. Slowly, she pulled further and further away.

Cornelia's distancing herself from the group created a horrible domino effect. Before long, none of the girls wanted to be together—and when they managed to be in the same place at the same time, they bickered. But this was only the beginning of a much bigger disaster, Yan Lin remembered. Even the Oracle had no way to know what forces were about to be unleashed by the girls' division and anger.

In Candracar, the girls' powers were represented by five droplets of magical essence, called the Aurameres. These essences existed in the Aura Hall, where they spun constantly and were observed at all times by Luba, the Keeper of the Aurameres. She could not help noticing that the Aurameres shrank in size as the girls' friendship grew more troubled. But did Luba do anything? No!

The memory of it made Yan Lin flush with anger. Since the Guardians had been chosen, Luba had always had her doubts about them, and a wish to see them replaced. The Aurameres were her means of making that happen. So she sat back and allowed the Aurameres to dwindle until the girls' powers were gone. It was all part of her plan. Then she went ahead and interfered inexcusably. She fused four of the Aurameres together!

In doing so, Luba created a monster called an Altermere. It combined the powers of Will, Irma, Hay Lin, and Taranee—and its ultimate goal was to assume Cornelia's power as well. When it eventually did find her, the Altermere was absorbed by Cornelia. Without knowing it, the blond Guardian suddenly gained control of the five great powers of the universe: earth, air, fire, water, and energy.

Yan Lin still found it astounding that the Keeper of the Aurameres would conspire against the Guardians or that the five great powers would be combined—and there would be worse to come. When the powers became one, terrible forces were unleashed in the world. The presence of those forces released Candracar's greatest traitor, Nerissa, from her eternal punishment in the depths of Mount Thanos!

Yan Lin had feared this catastrophe since the moment Nerissa had been sentenced so long ago. It had come to pass, in part, because the new Guardians had grown distant from one another. Their anger had set the stage and made room for Nerissa's return. While Yan Lin trusted the girls, she wondered if they would be able to work together in the same way now as they always had before. They had to set things right and become a group again. As her mind drifted back to the rest of Caleb's—and Cornelia's—story, she pushed the concern from her mind.

Of course, Cornelia had no idea that the natural order of things had been disturbed or that the infamous Nerissa had therefore been set free. She had no idea that at that very moment she possessed all of the Guardians' powers and could do almost anything. Cornelia was focused on only one thing: Caleb. She had a feeling that she could bring Caleb back to human form. Little did she know that there was a power pulsating through her body that could make that dream a reality. Finally, however, she was able to do the one thing she had been longing for—she brought him back!

Luba attempted to punish Cornelia for reviving Caleb. It was as if she couldn't stop going after the Guardians. So she had her brought to trial before the Council of Elders in Candracar. The Council was about to deliberate when Caleb himself stepped in. He would stay in Candracar forever, he said, if Cornelia were set free.

Caleb's sacrifice allowed Cornelia to return to Heatherfield to be with her friends. Surely it was painful for the young lovers to be separated, but the Guardians were united again, which was more important, especially now that Nerissa had begun to stage her revenge against Candracar!

Nerissa's first act had been to create some monstrous servants to do her bidding. She used them to track down the Guardians and uncover their weaknesses. And once she had learned the story of Caleb, she zeroed in on him as her first victim. He had held a copy of the five great powers since the time when Cornelia used them to bring him back to human form. With those powers in her own hands, Nerissa knew, she would be able to battle the Guardians on equal terms.

But Nerissa wasn't the only one who was after Caleb.

Luba, too, was ready to pounce. She'd left Candracar in disgrace, determined to oust the Guardians—or at least to clear her name. She could not allow the Guardians to continue to make her into the fool. Luba knew that the Oracle would send Caleb, as his Herald of Candracar, to earth to find her. So Luba lay in wait, disguised as a friend of Cornelia's family, hoping that Caleb would not be able to resist making a side trip to see his beloved. Then she would have them both in one place. Caleb walked right into her trap on the shores of Riddlescott Lake, where the Hales were on vacation. The moment she saw Caleb, Luba brought him down—until she, in turn, was brought down by Nerissa's minions!

The Guardians got there in time to fend off Nerissa's forces before they could do more harm—but failed to protect Caleb, who was whisked away by the fearsome creatures. By the time they arrived in Candracar, demanding an explanation, the five girls were devastated and drained.

Yan Lin remembered how they had stood before the Oracle, and she could still see their long faces as they heard his somber words of warning.

"Her name is Nerissa," the Oracle had begun slowly. "She was a Guardian before she betrayed Candracar and her friends." He looked soberly at the girls and added, "Now that she has captured Caleb, and his copy of your five powers, we are all in danger!"

Irma threw up her hands. "I thought we were on vacation!" she cried. "Sunshine, the seaside, sleeping late . . . jeez! When can we leave to get this Nerissa?"

"Not yet," the Oracle cautioned.

But Cornelia was impatient and tired of constantly being kept away from Caleb. "What do you mean, 'not yet'? You said it yourself. . . . She's dangerous!" she said. "I'm not going to just stand around waiting for her to hurt Caleb!"

Yan Lin understood Cornelia's impatience. But her position was to support the Oracle. Her role was to help him carry out his plan. So she had had to interject, loyally. "You will do nothing!" she told the girls. "You faced Nerissa's emissaries at Riddlescott Lake, and you were saved only because her objective was something different!"

It was the truth. Nerissa's servants lacked the magic that the girls held, but they had more than enough brute strength to compensate. Nerissa had formed her monsters from the only materials available to her at the ends of the earth. Ember and Tridart were winged creatures, transparent but lethal, who embodied the terrifying properties of fire and ice. And Shagon, with his long and snaking hair, his muscle-bound body, was the personification of hate itself. It was indeed fortunate that they had come for Caleb and not for the Guardians. And it was a great coincidence that Luba had been there, too, to absorb some of Nerissa's rage.

They will not be so lucky the next time, Yan Lin thought. Which is why they need to be as prepared as possible!

Of course, she had not foreseen the Oracle's plan to clear their minds for a while. Yet she could do nothing but be supportive once his decision was made. "Trust in us, Hay Lin," Yan Lin had said to her granddaughter, almost as if she were trying to persuade herself. "The Oracle's wisdom is infinite."

Hay Lin's reaction was unsurprising. She drew her hands to her chest and asked the Oracle, "And Caleb? He's all alone, and he needs us!" Her devotion to Caleb's safety made her grandmother proud.

"The glory of some is found in sacrifice," the Oracle replied, folding his hands.

Cornelia glared at him. "This is out of control," she shot back. "We've been fighting your battles, and now you want to stop us from helping our friend?"

Yan Lin drew in her breath. How would the Oracle respond to such impertinence? It was so uncharacteristic of the Guardians.

"Those battles were not only ours, Cornelia," he said wisely. "You saved Candracar and Metamoor. Even Heatherfield!" He was patient with her insolence, but he was unmoved by her argument. The Oracle's gaze met Cornelia's; finally her eyes dropped to the floor. "Now, go!" the Oracle ordered softly. "No one can foresee what destiny holds in store! No one!"

Yan Lin came back to the present. The destiny the Oracle had in mind for them now was selective amnesia.

Perhaps the Oracle considers it a chance for the girls to rest and recuperate for the many battles yet to come, she thought. And perhaps his strategy is right. He had always been wise and just. I just hope that he has thought this through. Because right now the five girls do not remember Caleb nor the threat of Nerissa's evil plan.

If there was one thing Yan Lin knew for sure, it was that Nerissa would not ease up in her pursuit of revenge. As the forgetful

Guardians awaited the Oracle's next orders, Nerissa would be drawing ever close to them. And the experiences that had drawn the girls together would be of no help then, since they would remember nothing of their last mission. Would they be able to stick together? she wondered. Yan Lin trusted the girls, but she was worried about Nerissa. More than anyone else, Yan Lin knew the consequences of a rift between Guardians. And she knew for certain that the universe would be destroyed if it happened again.

FOUR

Deep inside the Temple of Candracar, the Oracle took a gulp of air and held it in his lungs for a long time before letting it out. Then he closed his eyes and began again, breathing deeply and trying to clear his mind. It had been a long time, perhaps centuries, since the Oracle had felt so rattled. The Guardians he had chosen were up against forces he had never thought they would have to face . . . at least not this soon. The Oracle was all-knowing and all-powerful, but even he could not have predicted the cataclysm that ensued when Cornelia absorbed the Altermere. No matter how regular his breathing or how still his posture, his best efforts at meditation were failing.

His pulse raced. He hoped he had made the right choices to help the five girls defeat Nerissa.

The Guardians are the only ones who can face her evil, the Oracle thought. Their powers are awesome and their bond is strong.

But Nerissa's desire for revenge is so ferocious that I fear she has the capacity to crush them now, the Oracle thought. I will not allow them to meet her until they have every possible defense at their disposal. It would not be fair. We must all be patient as everything comes together, even if Nerissa grows stronger as a result of our delay. That is a risk, of course, but a risk we must take. There is no other option.

The Oracle felt confident of his decision, yet his most loyal advisers were questioning his judgment. If only I could explain to them, he thought, and set their minds at ease! But what he had in mind for the Guardians had to remain secret in order to be effective. He would have to face whatever criticism came his way, even if it were from his dearest friends and confidants.

When the Guardians had last left Candracar,

Yan Lin had stood beside him, watching the girls walk away with sagging shoulders and heavy hearts. "Do you really believe that they will wait and do nothing?" she had asked. Her voice was soft, but the glint in her eyes was not.

The Oracle knew that she was worried about the girls, especially Hay Lin; she wasn't sure she completely trusted his plan to tamper with their memories. The Oracle had led Yan Lin through the Great Hall, where bright sun streamed in through the tall, arched windows. Their footsteps echoed on the smooth marble floor and off the elaborate carvings all around them. There was no other noise in the Great Hall. Yan Lin followed the Oracle along a narrow catwalk that ended in a balcony from which they could see the glorious Temple spread out beneath them. It was only then, when they were alone, that the Oracle had responded to her question.

"If *you* were in their place, would *you* give up so easily?" he asked.

The view before them was majestic, with light dancing on the carvings and fountains feeding ponds of water lilies far below. Yan Lin was thinking, and closing her eyes to the beautiful surroundings. When she opened them, she admitted that the Oracle had a point. "No," she answered slowly, "I wouldn't."

"Exactly," the Oracle said. "It is our duty to protect them from themselves! At least for the time being, they mustn't think about Nerissa or Caleb. That is why I will cloud their memories. Caleb is a strong young man, Yan Lin. I know he will be able to wait it out." He was glad Yan Lin seemed to see the situation from his point of view. But still, the conversation put him on edge.

Yan Lin turned her eyes toward the sky. "I truly hope so," she said softly. "So, the Guardians will forget everything, then?" she asked after a moment of silence. "They'll lose *all* of their memories?"

The Oracle reassured her. "No," he explained. "Only those that are tied to Nerissa. And Caleb, I'm afraid."

At that moment, Tibor, another of the Oracle's inner circle, arrived with an important announcement. "Oracle!" he'd said urgently. "The prisoner has arrived, and the Council of Elders awaits you!"

With a quick glance at Yan Lin, the Oracle

had led the way from the balcony back into the Great Hall, where the Congregation had gathered yet again to weigh in on the fate of somebody its members knew well. This time it was not Cornelia, however. This time they would decide the fate of Luba herself, who had betrayed them all.

The thought of sentencing Luba made the Oracle's heart ache. He remembered the scene quite clearly.

Luba had guarded the Aurameres faithfully for centuries. The Oracle did not believe she had intended any of the things that had happened after she had fused them together. He'd been inclined to show her mercy, but it was more important to send a message about the consequences of interfering with the Guardians' work. The Oracle felt sorry for Luba, but he knew he would need to stay firm. He needed to remain the leader and to put his personal feelings aside.

The Congregation fell silent as the Oracle entered the chamber, scanning the benches to make sure that all of the Elders were accounted for. When the silence seemed more than anyone could bear, Luba finally appeared, dressed in the flowing red robes of the disgraced, her wrists encircled by chains. The Oracle had expected Luba to look contrite, but her expression was defiant.

"Luba!" he cried, "Behold the face of him who, because of you, is now in danger!"

He'd gestured toward the air, where a window had opened on to a terrible scene on the other side of the universe. There was Caleb, in Nerissa's clutches, imprisoned and alone. There was the boy who had helped regain Metamoor from Prince Phobos, the boy who had saved Cornelia, *and* pledged his loyalty to Candracar. It made the Oracle angry to think of how Luba's mistake had cost this young man his freedom. There must be justice, the Oracle told himself. Whatever Luba's history, she must pay for this crime against the Guardians. She must pay for the misery that Nerissa would bring upon them all because of the poor judgment of the Keeper of the Aurameres!

The Oracle sighed. His heart was heavy. Luba needed to be punished, but the Oracle knew that Luba thought she was acting in good faith to save Candracar. While her actions were not right, her heart was in the right place. It was a very difficult time for the Oracle.

Tibor chose that moment of silence to shout, "Because of you, Luba, Nerissa's revenge will soon rage down upon Candracar, dragging us into a battle that we have never wished for—and that we may not be able to withstand!"

Luba's face was expressionless.

"What have you to say in your defense?" the Oracle demanded. She deserved one chance to speak in her own behalf, he thought.

But it seemed the Council disagreed. Another of the Elders bellowed, "No, Oracle, the time for words is over!" He did not care what Luba had to say in her own defense—he wanted to jump right to the sentencing. "This time, may the punishment be fitting!" he proclaimed. "The Congregation was merciful with Nerissa, and as a result, that creature has returned!"

"He's right," the Elders chorused. "Who will save us now?"

The Oracle winced. He did not feel that they had been merciful with Nerissa. She had been condemned for all eternity to the depths of

Mount Thanos, a volcano on the edge of a frozen tundra. Her powers were stripped from her, and she was sealed in a tomb in order that she might contemplate her mistakes in quarters she could never leave. Yes, the tomb would break apart if the five great powers of the universe were ever to be united. But nobody had ever expected that to happen. At the time, her sentence had been considered worse than death.

"Silence!" the Oracle ordered the Elders as Luba watched warily. He would not listen to any more of their second-guessing. "The sentence passed down on Nerissa was terrible, as befitted her crime!" The Elders glared at him, their arms folded in anger. "Must I remind you of how things unfolded?" he asked. It pained him to remember that dreadful day, yet he forced himself to recount it to the Elders once again.

The images penetrated his deepest meditative trance, seared into his mind and his memory. *What I wouldn't give to erase those images as I will erase others from the young Guardians!* he thought. *The pain of carrying them inside was so great.*

Again, the Oracle breathed deeply. Perhaps if he allowed the memories to play out in his mind they would cease to haunt him for the next few hours.

He told the Council the tale of Nerissa—who had been a Guardian herself: the Keeper of the Heart of Candracar. With her companions—Kadma, Halinor, Cassidy, and Yan Lin—she had carried out the Oracle's orders and helped to preserve all that Candracar stood for. Nerissa was able to marshal the Heart's power to do amazing things. But then, slowly, she was consumed and corrupted by its power. Before long she decided that she had to have the Heart's power all to herself!

The other Guardians tried to stop her, but their friendship meant nothing to Nerissa if it stood between her and the Heart. In a deadly battle, Nerissa killed Cassidy, the youngest member of the group. The Guardians managed to stop Nerissa from seizing the Heart, but they paid a terrible price . . . they lost two friends in one battle.

And Nerissa paid a price as well, the Oracle reminded himself—no matter what the Congregation said.

Nerissa had stood before him as Luba would one day do, bound by chains and furious. She had insisted on wearing a bright purple gown, regal and proud even in her most angry moment; her long, curly hair danced in the breeze around her. The Oracle stood before her, unfurled the scroll of Candracar, and read to Nerissa what he had written: the particulars of her punishment. "Confined within the depths of Mount Thanos," he said, "deprived of her powers, with neither aid nor companionship. That is our decision!" he finished with a flourish.

Nerissa had stared at him, her eyes blazing, then raised her fist in the air. "This is a bad decision!" she'd shouted in disgust. "A horrible mistake!" Her voice grew low as she threatened, "I will return, I promise, and you will all regret having stood in my way, mark my words!"

Watching Nerissa leave the chamber that day, the Oracle had thought his heart would break. He had chosen her to wield the Heart, and at one time he had been pleased by the way she used her power. If it pained him to see her destruction, however, he had only to look at the remaining Guardians to remind himself of the reason it was necessary. Kadma, Halinor, and young Yan Lin were all that remained of the original five. The Oracle stumbled for something to say to them. "Cassidy sacrificed herself to protect Candracar!" he said finally. "Now it is up to all of us to protect the Heart!" But even to the Oracle, the words sounded hollow. They didn't seem like enough, given all that the Guardians had been through.

But once again, the three girls had impressed him. Yan Lin had stepped forward, holding the Heart gingerly, since she was not yet used to handling it. "Of course, Oracle," she'd whispered. "We have lost two friends, yet we will dry our tears and serve the Temple!"

The original Guardians' courage and dignity had inspired the Oracle for many years after that. Even without their friends, they had carried on their work and remained faithful to the Temple. And now, thought the Oracle fondly, one has even passed the tradition on to her own granddaughter! Hay Lin had inherited many of Yan Lin's best traits.

The Oracle exhaled with more force than he had been able to muster all morning. If the new

Guardians are anything like the old, he thought, they will find the strength to face whatever crosses their path—even if it is as evil as Nerissa. I cannot do their work for them, but it is my responsibility to keep them as safe as I can.

The Oracle rubbed his chin thoughtfully. That is why it was right to be harsh with Luba, he told himself. He had to make this situation right again.

FIVE

As night fell, Caleb huddled deeper inside his hooded cloak and put his head in his hands. He had no idea how long he'd been waiting to be rescued, but he was beginning to worry that he wouldn't be able to wait much longer. He was growing weak.

After striking him unconscious and abducting him from Riddlescott Lake, Nerissa's helpers had dropped him into a frozen wasteland that stretched in every direction, as far as he could see. Now Caleb was in a cave, surrounded by towering icicles and wide expanses of snow. He was utterly alone, except for a rumbling volcano on the horizon. Caleb thought that he might be on Mount Thanos, where Nerissa had once been sentenced to live for all eternity, but he wasn't sure. The thought of it would have been enough to make Caleb shiver if he hadn't been shivering already.

She is getting ready to pounce, he thought. Preparing to harm my friends—and Cornelia. The love of my life.

Just then, the volcano roared menacingly and belched out boiling lava. That happened every once in a while, but what would it be like when it *really* erupted? Caleb wondered, trying to think of an escape plan. What would it be like when the volcano—and Nerissa's rage—finally exploded?

He hoped to be far away by then, ready to help the Guardians fend Nerissa off.

But first they have to find me, Caleb thought.

While he was disappointed that the Guardians were not there to help, Caleb thought that maybe they didn't know what was going on. They should have been there by now, said a doubting voice inside his head. Had they forgotten him altogether? After all, they'd worked side by side to save the city of Meridian and replace the brutal Prince Phobos with the rightful queen, Elyon. They had made the perfect team.

He remembered the way Cornelia had cared for him so lovingly when he was in his flower form. She had never left him alone. She never stopped believing that he could be restored to the form of the boy she loved.

Caleb straightened up and gathered his strength. He would need to do this on his own. Like the many rebel attacks that he had planned in Meridian against Phobos and his army, Caleb would need to be brave now. He needed to show Nerissa that he was not afraid. He had to devise a plan of escape.

A sudden pain shot through Caleb. What if something had happened to the Guardians? To Cornelia? The last time he had seen her, she was fighting against Nerissa's minions.

It was hard to think about, but at that point nothing seemed impossible to Caleb. After all, who would ever have thought that Nerissa would return, or that he, a former Murmurer, would now possess a copy of the five great powers that she was so hungry to take? Who would ever have thought that he, once a heroic leader, could be so vulnerable now?

The Oracle had sent Caleb, as the Herald of Candracar, to earth with instructions to bring

Luba back to him. But Caleb didn't know how to control his magic yet, and Luba could sense it whenever he was drawing close to her. Somehow he had managed to track Will down. He would always be grateful for the way Will had snuck out of her house, no questions asked. She didn't laugh at him when she discovered he'd failed to master earthly skills like reading maps or riding the motorcycle he had borrowed. And she had led him right to Riddlescott Lake, right to Cornelia, and right to Luba herself.

Caleb rubbed his hands together to warm them. He almost wished the volcano would spurt out some more lava, deadly as it was. At least, when the lava hit it, the ice melted, which gave Caleb some water to drink and a patch of warmth to sleep on until the lava was covered by a fresh layer of ice. He hadn't had water or rest in many hours now.

He was hovering near unconsciousness when he suddenly felt as though he weren't alone.

It was a woman. Or, to be more specific, it *had* been a woman once—now she was more like a skeleton. Her face looked like a skull, with leathery skin stretched tight over her sharp features. Her hair fell almost to her knees in stringy curls, and her emaciated body was hidden in the folds of a tattered purple robe. The woman's eyes gleamed at him maniacally, and her lips were pulled back in a cruel smile that exposed every one of her rotten teeth.

"Well, well, well," she said. "Well, well, well." She stared at him for a long time, as if transfixed by the sight.

Caleb drew away from her instinctively. "Who are you?" he demanded.

"You disappoint me, Caleb," croaked the woman. "Don't you recognize me?" When Caleb failed to answer, she cackled, "I am Nerissa! Nerissa, who has returned to claim what belongs to her!" Then she collapsed into a fit of raspy, mirthless laughter.

This . . . this . . . creature is Nerissa, he thought suddenly. Right here in front of me. What am I supposed to do? What is it that she wants from me?

He summoned all the strength that he had, and stood up.

Nerissa gripped his chin between her bony fingers, as if she had read his mind. "I need the powers that you now hold!" she shrieked.

Filling himself up with as much confidence as he could muster, Caleb shot back, "You'll get nothing from me!"

"Are you so sure?" Nerissa sneered.

A steely determination flooded back into Caleb in spite of his desolation. I can hold her off for a while, he realized. At least until help comes. I will *never* give her what she wants, since it is clear she'll use it to hurt Cornelia and the other Guardians.

He loved Cornelia too much to let harm come to her if he could prevent it. "Want to find out just how little I'll give you?" Caleb taunted Nerissa. "Then go ahead and try me!"

The former Guardian grasped her staff, which was twisted at one end into a strange symbol—a half-moon crossed by a jagged bolt of lightning. Caleb could hear her muttering to herself as her fingers wound around it. "I have to admit that I've gotten a bit rusty lately," she said. "But they say that it's like riding a bicycle. Once you learn to be evil, you never forget how it's done!" Again she bent over and was consumed with laughter at her own pitiful joke.

Caleb felt himself strangely drawn to the dry

and hideous sound . . . which was how Nerissa caught him completely off guard!

With no warning, Nerissa whirled around and thrust her staff into the air, conjuring up a blinding light. *Kra-ack!* It blasted at Caleb, knocking him backward. He took a few steps to gain his balance, but he couldn't see, nor fight back against Nerissa. She was lost in the blazing light, her magic searing the air and the ground.

The ice under Caleb's feet began to melt with the heat generated by Nerissa's power. And the lava beneath was more than just exposed—it was restored to life! *Blublublub*, it burbled, gathering around his feet. Soon Caleb was dancing to avoid it, his head still frozen solid while his feet felt as though they were being burned to a crisp.

Suddenly, Nerissa's face was mere inches away from his. "I didn't grant you permission to move!" she screeched. The light faded, and Caleb's eyes adjusted. Before him stood Nerissa, looking as though she were electrified with rage. And behind her was a group of monsters, her private army. Caleb had had a glimpse of them before: the glowing red woman with the metal blades for wings called Ember, the blue thug called Tridart, and the masked avenger with snakes for hair named Shagon.

"I still have to introduce you to my friends," Nerissa gloated. Then she shook her head. "How foolish of me!" she corrected herself, feigning innocence. "You've already met—in Riddlescott, isn't that right?"

She was right. In Riddlescott, Caleb had barely glanced at them before they'd knocked him to the ground, causing him to writhe in pain. Then, he had only the vaguest memory of them roughly transporting him to the ends of the earth. But that didn't matter now. He did not need to know them well to understand that they were fearsome and heartless. *And*, he was about to face them alone.

The bald one gurgled, "Urrrgh!" and the snake-haired guy responded "Nahrrr!" as if they were having a conversation about how to finish him off.

The monsters began to advance, and there was still no sign of the Guardians.

I'm trapped! Caleb thought.

"No!" he screamed as they closed in on him.

I have got to find a way to hold them off, he thought desperately. I'm just not sure I can do it by myself. But I know that I have to try. Hopefully help will come . . . soon.

SIX

Back in Heatherfield, another boy was waiting, too, searching for a particular redhead in the crowd of students gathered on the grounds of the Sheffield Institute. Matt stopped just short of the school's main gates to shift his messenger bag from one shoulder to another. He shook out his hair, still a little wet from the shower, and tried to decide what he'd say when he saw her.

"Hello, Will!" he thought he might say. That sounds like a teacher, he thought. It's no good at all.

He wanted to sound casual, since other people would be around. It wasn't the time or place to spill his guts or sound mushy and love-struck. On the other hand, he had to sound like more than just an acquaintance, he reasoned. He'd been thinking of nothing but Will all summer! He'd missed her more than she could ever have guessed. More than *he* thought was possible.

That was it! Matt realized. He knew what to say! He said it aloud to see how it felt on his tongue. "Will, I missed you!" he announced with a smile. Much better, he decided. Much better, indeed.

Now, if only he could find her. On a normal school day, kids got to school as late as they could without missing the bell. No one wanted to be caught looking *excited* about school. The first day of the school year was different, though. Everyone arrived early to catch up on the summer news before they were handed their books and their schedules and ushered into homeroom.

Everyone seemed to be grouping up in the usual formation. Matt could see all the jocks gathered at one corner of the lawn, tossing a Frisbee. He also spotted some guys he knew from his band, and the girl who'd been his lab partner last year in science class. But still no Will.

Where was she? he wondered a little anxiously. She'd told him about the way her mom's job had almost been transferred out of Heatherfield. That hadn't happened though, he remembered. So Will had to be there somewhere. He shielded his eyes from the sun and kept on looking.

He was totally nervous. Matt knew how he felt about Will—he was crazy about her. And she was so cool—she didn't mind that he'd forgotten his wallet when he took her out to the Lodelyday, the fanciest restaurant in town. She wasn't the kind of girl who cared about fine china or waiters in tuxedos. And she didn't seem to worry if plans changed. No, Will was just as happy at the Golden Diner, where they'd ended up, and she didn't even mind that she'd had to pay for his burger. Matt had never felt so comfortable on a first date, and he was still kicking himself for not kissing her when he walked her home.

There was still a big question in his mind, though: did Will feel the same way? Everything between them had been great during the week she had been at Irma's beach house. They'd traded flirtatious text messages all week long.

But when she got home, he'd called her house and gotten her mom's boyfriend (who also happened to be their history teacher, Mr. Collins—talk about awkward!) on the phone. Mr. Collins had told him that Will wasn't there, which was no big deal. But then he'd said he was looking out the window and watching Will get on the back of some boy's motorcycle! Matt had almost lost it, but instead he had just slammed the phone down.

For the next few weeks, Matt had tried to push that incident toward the back of his mind. He knew there'd been chemistry with Will at the restaurant and in their text messages. And they got along so well. But he couldn't help wondering—what if she liked someone else? What if she was just stringing him along? They were not quite going out, but that didn't mean she should have been seeing someone else behind his back, either. The insecurities drove Matt up the wall.

Unfortunately, the two of them hadn't had a chance to talk since Mr. Collins had ratted her out. Will had spent the rest of the summer with her mom at a remote resort with bad cell-phone reception. It had been impossible to get hold of her. Matt was excited to see her now, and willing to give her the benefit of the doubt.

But we definitely have to have a talk, he thought. And I'm not exactly looking forward to it. After all, she could have changed her mind over the summer. She could be over him!

Matt liked her so much that he wasn't sure he could handle a rejection.

His eyes scanned the crowd, and the knot in his stomach grew bigger as he continued not to spot Will with her usual crowd of friends. Then, all of a sudden, there they were!

Will was standing with Cornelia, Irma, Hay Lin, and Taranee on the other side of the school gate. There was a stranger with them, too, a guy with dark, wavy hair and a goofy smile, wearing a purple T-shirt. Matt didn't think much of this at first. Until he noticed that the guy was holding Will's hand! Maybe he'd been simply shaking hands with her—it was impossible to tell. But it was obvious that the guy wasn't letting go. At least, not anywhere fast enough for Matt's liking.

I can't believe it, Matt thought, his heart sinking. That must be the guy with the motorcycle.

He has that whole "I'm cool and I know it" thing going on.

As Matt drew closer, things got even worse. Will giggled and said to the guy, "So it's decided, Eric. You'll sit next to me!"

"You'll like it here!" Cornelia added. "You'll see."

"Isn't he the greatest?" Hay Lin said, as if she were the president of the guy's fan club or something.

Matt was disgusted. The girls were falling all over themselves to make the guy feel good, and Matt was dying to know what he'd done to deserve such treatment. Had he taken Will out to a better restaurant? Matt wondered bitterly. Had he sent her more messages than Matt had? And why was she sneaking around with some other guy before she'd even told Matt it was over between them?

All of Matt's high expectations for the first day of school evaporated on the spot. He would have done anything to slink away without speaking to her. But Will would spot him any second, and he couldn't let her know he was hurt. It would be awful if she knew the effect she had on him.

I'm more angry than hurt, anyway, he rationalized. I should have known this was going to happen.

Women, Matt thought, seething. They're all the same. But if Will wants it this way, fine. She can have the guy with the purple shirt—and she can count me out of her life! I don't need to be the runner-up. The second best. Last year's next new thing. I'll just have to toughen up. This'll teach me never to believe anything a girl says . . . again!

SEVEN

Will had never been so antsy in her life. She'd read about characters in books being ready to jump out of their skins—the image had always creeped her out. But now she could totally relate.

That's me! she thought. It could really happen if I have to wait another minute for Matt to show up.

The worst thing was that she didn't want to look too eager. She stood outside the school, trying hard to appear nonchalant and to speak in a nonchalant voice.

My friends must guess how much this is killing me, though, Will thought. That's why Cornelia tucked the tag in to the back of my shirt and Hay Lin said my hair looked great.

They're not fooled by my act. But will Matt be, though? He's got to know that I like him. But I can't let him know how much he's been on my mind since I last saw him. It's totally embarrassing!

Suddenly, Hay Lin cried, "There he is!" and started to gnaw on her fingernails. Will could feel the blood rush to her face, making her blush. Her friend must mean that Matt was heading their way! It was the moment she'd been waiting for all summer long.

But then she realized that Hay Lin was looking at somebody else, a boy that Will had never seen before. He was tall and gangly, with dark, wavy hair and friendly brown eyes. He hands were shoved into his pockets as he made his way toward Hay Lin. Will took note of his purple T-shirt. Hay Lin said he sort of marched to his own beat. That was a good thing in a guy, Will decided. Matt did that, too.

Before she could get back into Matt mode, the guy was bounding toward them, saying, "Hi, Hay Lin!" He didn't even wait to be introduced to the rest of the crowd—Hay Lin probably told him all about us, Will realized. "You must be Will," the boy said excitedly. "And

Taranee, Cornelia, and Irma," he continued down the line. "Nice to meet you!"

"Guys, this is Eric Lyndon," Hay Lin explained. Will thought that the only thing better than seeing Matt after all this time might be seeing Hay Lin with a crush—her happiness was contagious. She reached out her hand to shake Eric's. Something in his grip reassured Will—it was as if he wanted her to feel that he would treat Hay Lin right. Will shook his hand until Eric finally let go. She was totally impressed.

Then she felt Irma poke her. Leaning in toward Will's ear she whispered, "Hey, Will, look who's here!" Smiling, Irma moved her head in the direction of the gate, and pointed. Matt was right there, about to walk through. He hadn't spotted her yet, but he'd be by her side in about thirty seconds, as soon as he'd made his way through a crowd of kids.

Will drew in her breath and exhaled slowly. She didn't dare to check her hair again or anything like that, but she did take a moment to compose herself. Then she pretended to be engrossed in watching some other guys throw a Frisbee, secretly hoping nobody would guess how stressed she was.

I just hope he's thought about me half as much as I've thought about him! Will thought. That would be a nice way to start the school year!

When Matt approached, she turned toward him, ready to greet him with the perfect balance of caring and cool. Then Irma blew the moment by practically throwing herself at him and shrieking, "Ma-a-a-att! What a surprise!"

"Cut it out, Irma," Will muttered. Why had Irma picked a time like that to go into full-flirt mode—with her guy!

But Irma didn't seem to register with Matt at all. He glanced quickly in the girls' direction and said, "Hi, Irma, hi, Will." Then he marched right up to Eric as if he had some kind of problem with him. "Aren't you going to introduce me to your friend?" he grumbled in Will's direction.

Will seriously thought she was going to faint. What was Matt's problem? His attitude had completely blindsided her. She had no idea what was wrong.

Eric didn't seem to sense the hostility that was evident in Matt's tone. He just grinned.

"Hi," he said. "My name's Eric."

Hay Lin wrapped her arm around him and added awkwardly, "Um . . . yeah . . . right . . . Eric is in Will and Cornelia's class this year."

Hay Lin was definitely picking up on Matt's bad vibe and trying to calm things down.

So it's not just in my head, Will realized.

She wasn't sure if that was a good thing or a bad thing.

Matt didn't bother to introduce himself or return Eric's smile. He folded his arms, as if he were mad about something, and stared into space, looking right past Will.

Will bit her tongue as hard as she could and forced herself not to cry. She was blushing again, as if she had done something embarrassing.

But what could it be? she wondered. I haven't seen him in weeks! I'm innocent of all charges! What on earth is wrong? Was she supposed to say something now? she wondered. Since she couldn't, she didn't. But she glared at each of her friends in turn as if to say, "You say something." Nobody took the bait.

Nobody except Martin Tubbs. Martin was a nerdy guy who'd been crushing on Irma for ages. Once, she'd even gone on a sort of date with him. The two were definitely not an item, but they were friends in a way. Martin tutored Irma in French, and she put up with him in a manner that nobody else did. From the corner of her eye, Will could see Martin running up to them. He had a knack for always being in the wrong place at the wrong time.

"Hey, folks!" Martin exclaimed, in his usual clueless manner. "What's this, a funeral?"

Will was so upset about Matt that the sight of Martin was a welcome relief. Anything to change the subject, she thought. But Irma didn't feel the same way. She squinted at him and snapped, "Zip it, Martin!"

Martin sidled up a little closer to her. "Already missing vacation, Honey Muffin?" he asked sweetly. "But never fear, Martin's here! Nothing to worry about!" Will thought for a moment he was going to go ahead and give her a kiss. Eeek!

Irma rolled her eyes and pretended not to hear him. Anyone else would have taken the hint, but not Martin. He spotted Eric and kept on babbling. "Oh, a new kid on the block, I see!" he said with a mock bow. "I hope they gave you a proper welcome."

Eric shrugged modestly. "Oh, well . . ." he stammered.

Will didn't hear the rest of his reply, because suddenly Irma was stomping over to where Matt stood, his back to them all, sulking. "Enough is enough," she ordered. "You creep!"

She's just sticking up for me, Will told herself. That's what friends are supposed to do. But does she have to call him names? It's *Matt*! I liked him until about two seconds ago. She can't lose her temper with *him*! Will didn't want anybody sticking up for her just then—especially hotheaded Irma. She just wanted to run inside, hide in the bathroom, and pretend that none of this had ever happened.

"Ouch," said Matt sarcastically. He didn't look hurt at all.

Martin's eyes bugged out. "Irma, sweet thing!" he cooed. "What are you doing?"

Matt commiserated with Martin. "Yeah, what's gotten into her?" he asked, throwing up his hands.

What's gotten into *you*? Will wanted to retort. Instead she stood there staring at him, her eyes beginning to well up, until Irma grabbed her hand and hauled her away.

Scratch what I just said about not needing anyone to stick up for me, Will admitted to herself as the tears began to flow. I need somebody to get me out of here, quick!

Irma led her four friends around the corner of the building, stopping under the window of the principal's office. It was safe there. Nobody would gather in that spot unless they absolutely had to—like the five members of W.I.T.C.H.

Will was sobbing now, gasping for air as it all sank in. Somehow she had managed to mess everything up with Matt—and she didn't even know how! She was sort of mad at herself for blundering into some mistake she couldn't identify. But she was a lot madder at Matt.

And to think I wasted so much time mooning over him this summer, Will thought, wiping her nose. How could I have been so dumb? What did I ever see in him, anyway?

She would never forget, or forgive, the way he'd blown right past her, acting as if she weren't there. Or the way he'd mocked Irma, when she was just trying to help!

Taranee hugged her, hard, and Will kept asking, "Did you see that? He didn't even say hello to me!" as if Taranee would know why.

Her friend stroked Will's hair. "Maybe there's an explanation," she said consolingly.

There'd better be, Will thought, or else I'm going to have to switch schools. I can't spend this whole year feeling like some kind of reject!

"Just take it easy," Cornelia cautioned, not even knowing what dire thoughts were flying through Will's mind. "It's going to be okay. I just know it."

"Men," said Irma, sounding as if she bore the weight of the world on her shoulders. "Jeez!"

Will smiled wanly and remembered something terrible. No matter how awful she felt, she was going to have to walk into school soon. No way was Matt going to see her like that! Will resolved. She swallowed the rest of her tears and held a bottle of water she had grabbed from her book bag to her forehead. Maybe the cold would soothe the puffiness around her eyes. She would do whatever it took to keep her cool.

She looked at her friends' concerned faces and was filled with a wave of appreciation. What would I do without you? she asked them silently. How can I ever thank you? They'd dragged her away just as she was about to lose it, in public, on the first day of school. They'd saved her reputation at school—and her standing with Matt.

He might not like me anymore, Will thought, but at least he won't see me as a pathetic loser. I *will* be strong when I walk into school! He will not see me cry!

She was about to say something corny but heartfelt to her best friends when there was a deafening noise.

Driiiiing!

"The bell!" said Hay Lin. "We have to go in now!"

"Aw, pipe down," said Irma, addressing herself more to the alarm than to Hay Lin. She never cared if she was a little late.

Then, with an earsplitting pop, the bell fell silent. Through her tears, Will grinned at her friends. It was a tradition at the Sheffield Institute to rig the bell to break down on the first day of school. Everyone knew that the principal and the custodian tried to stop this—but the kids always got around them.

Some things never change, thought Will.

Like the bell trick and the Power of Five. Boys may come and go, but friends like these will pull me through. Now . . . if only I can find my way to homeroom!

EIGHT

A world away, in another place, where no bell had been heard in centuries, the only sounds were the roar of the wind, the gushing of lava, and the occasional screams of the sole human inhabitant of the place, a prisoner.

A volcano lay at the heart of this wilderness, simmering and burbling, preparing to blow. It was surrounded by thick ice, utterly impassable, which had, over time, grown into massive formations that towered over the ground. Ice coated even the thinnest branch of the smallest tree in this desolate landscape. It also coated the heart of this remote kingdom's ruler: Nerissa.

It's hardly a kingdom, the ruler thought resentfully. *It is a prison of ice* that is as frozen and stale as my soul itself. It is quite a good fit.

Nerissa no longer knew feelings like contentment or pleasure. But she was not displeased at the moment, not at all. So far, everything had gone according to plan. Her servants Ember, Tridart, and Shagon had intercepted the Herald of Candracar at a seaside resort on earth. They had snatched him from the very arms of his beloved, the blond Guardian, and placed him in Nerissa's hands! And they had also delivered some important news to Nerissa: she was not the only one in pursuit of the Herald's powers—exact copies of those held by the Guardians.

Nerissa remembered Luba well from her days as a Guardian. Even then, Luba had tended the Aurameres, observing them carefully as they spun around their chambers, alert for any evidence that the Guardians' magic was changing.

It is no wonder, Nerissa snorted to herself, that the cat-woman lost her mind. Her work was more tedious than my exile in Mount Thanos! But, of course, Nerissa would not allow Luba to carry out her plan. The powers would be hers!

Back in Riddlescott Lane, when she had spotted Luba, Ember had brought her down and branded her with the mark of Nerissa forever. It had been a great moment.

But Luba is not dead, Nerissa cautioned herself, so I must continue to keep an eye on her. Now, though, she knows that the Herald's powers are intended for my use alone! When she is brought back to Candracar, she will carry the first tangible evidence that I am advancing on their pristine Temple. And what I wouldn't give to see her sentenced for trying to use the Herald against the Oracle! They should thank me for stopping her in her tracks.

Nerissa rubbed her palms together in anticipation of what she was about to do next. Then she struggled to her feet and grabbed an icicle to support her weight.

I have to see the Herald again! she decided. I have to convince him to give me his set of powers. Of course, I could force the issue through torture, but it would be so much better if he would surrender of his own accord. I have to preserve every ounce of my strength! My precious magic must be spent only on my larger goal!

It was fitting that she, once a prisoner in this forgotten land, now had a prisoner of her own to torment. And when she'd finished having her fun with him, his powers would be hers! Naturally she would use them to get to the Guardians, to bring them down one by one, until at last she reclaimed the Heart of Candracar for herself.

Her dreams of that moment had sustained her for many long decades, and even just thinking of her reunion with the Heart made Nerissa's fingers quiver in anticipation. With every passing moment, she was one step closer to controlling the Heart. And with it, Nerissa exulted, she would control whatever else she pleased—including the Temple of Candracar itself!

As she moved slowly toward the place where the captive lay, Nerissa could hear his guards moving about. *Aaaaaaargh!* was the hateful cry of Shagon. And *Ahhhhuuuu!* was the howl of Khor, the creature she had formed from the little dog that had wandered mistakenly toward Mount Thanos.

When she was close to Caleb's molten prison, Nerissa could also hear his piteous cry.

"They can't do this to me!" she heard him groan.

He is afraid, Nerissa thought with a smile. As well he should be.

His moaning only stopped when Nerissa stood directly before him. She vaguely recalled what it was like to welcome someone, to try to make them feel at home. She drew on that distant memory and asked her servants archly, "How is our guest today? I hope he is not feeling too neglected."

The boy did not return her show of good manners. He closed his eyes as if to shut her out. Nerissa could barely conceal her glee. "We prepared such a warm welcome for you, Caleb," she continued. "The least you could do is show a little gratitude!"

He remained silent until Nerissa grew angry.

How dare he ignore me? she raged inwardly. His only option is to please me. "Don't you have anything to say to me?" she urged him at last. She glared at Caleb until he finally opened his eyes.

"Yes," he whispered. "I'm thirsty!"

Nerissa doubled over with laughter and turned to her servants. "Did you hear that?"

she asked them bitterly. "Our little Caleb is thirsty!"

Bending courteously in her direction, Tridart smirked. "I want to make you happy, my friend!" he said sarcastically to Caleb. Nerissa had formed him from the ice that surrounded her volcanic home. He was definitely the man—or thing—for this job.

Nerissa's servant half turned away from Caleb and drew up his feathered wings. When he flexed them, a chunk of ice flew off the edge of one of them and right into Caleb's cell.

"After all, you can't refuse a doomed man his last request," Nerissa said scornfully as she watched Caleb leap out of the way of the flying ice.

Caleb was livelier than he'd been since she'd trapped him. "Think you're funny, do you?" he rasped.

"I'm just trying to be kind, Caleb!" Nerissa insisted, not bothering to try and hide the sarcasm growing in her voice. "That chunk of ice will be all the water you get! Go ahead and drink it!"

My hospitality is fading fast, she chuckled

to herself. Believe me, when I decide to make my move, you won't stay strong for long. You will be begging for more than water—you'll be begging for your life!

NINE

The Oracle had often turned to his reflecting pool to check on the welfare of his Guardians down on the earth. With one glance into the pool's shimmering waters, the Oracle could see any place in the universe. Now he was anxious to observe how the Herald fared with Nerissa.

Sighing heavily, he waited for the image to come into focus. It was not long ago that he had witnessed a scene of triumph reflected there, as his handpicked Guardians had closed the portals and saved Meridian. The Oracle smiled as he remembered the pride he'd felt as they'd mastered their magic and taken it into Metamoor.

It had been amazing to watch each girl's transformation. As they grew more confident in their powers, they grew more confident in themselves.

Quiet and shy Taranee had learned to let out her fiery side and face challenges head on. Cornelia, always one to lead, had quickly learned the value of following. And Irma, the wild and unpredictable one of the group, had become a solid and reliable member. Hay Lin had also come into her own, following in her grandmother's footsteps. And perhaps Will had come the furthest, taking on and embracing the challenges that came with being the leader.

But it seemed a long time now since everything had gone according to the Oracle's wishes. When Cornelia had broken away from her friends to care for Caleb, the Guardians' path had become less steady. The group that had grown together suddenly seemed impossibly broken. And the Oracle's plans had been truly shattered when Luba interfered with the fate of the girls.

The Oracle shook his head in wonder. What could I have done to stop Luba? he wondered. Could I have done anything differently?

Much had changed since then—it was hard to fathom. His brow furrowed suddenly as the full horror of the scene that was unfolding near Mount Thanos came into view. It was terrible to see the agony on Caleb's face—quite a different sight from the one in which the boy had triumphed in Meridian.

In every life, the Oracle knew, some rain must fall. But perhaps this storm was too much for the Herald to bear. After all, he has already been through so much.

It is almost too much for *me* to bear, the Oracle admitted silently. But there is no other way. Our only hope is for events to unfold exactly as I have planned.

Over the many millennia, the Oracle had stuck by countless difficult and unpopular decisions. But this one seemed more dreadful, somehow, than the others. The image of the suffering Caleb brought the Oracle great sorrow.

Under his breath, he encouraged the boy. "Be strong, Caleb!" the Oracle urged him. "The one who can help you is not yet ready! It will take days . . . perhaps weeks . . ."

In truth, there was no exact time frame, but the Oracle knew that help would eventually come. Caleb just had to hang on for a little while longer. If he could . . .

Beside him, suddenly, the Oracle could hear soft footseps. He did not want to be interrupted at that moment, not even by his trusted friend, Yan Lin. But here she was, her arms crossed and a frown etched among the deep lines of her face. She did not even have to speak for the Oracle to know her displeasure, but nevertheless, she did.

"What are we waiting for?" she cried. She had also had a glimpse of Caleb's ordeal at the hands of Nerissa, and could not understand the Oracle's hesitation.

It was the very question that was plaguing the Oracle, the very question for which he had no answer. His voice strained as he answered. "We've already discussed this, Yan Lin," the Oracle replied.

"But this is madness!" she insisted. "There is nothing good that can come of such a decision."

The Oracle held up a hand to interrupt her. "And you know perfectly well what I have decided."

Her face fell, and she lowered her eyes. She did not budge, so the Oracle could tell she was not done confronting him. "Are you questioning my position?" he asked her slowly. That would go against all of the peaceful and orderly traditions of Candracar.

Yan Lin wrung her hands anxiously. It was clear to the Oracle that the situation was upsetting her greatly. The two of them had rarely disagreed. "Pardon my insolence, Oracle! I'm afraid that your trust has been poorly rewarded."

It was not exactly an apology, but Yan Lin acknowledged that she'd been out of line. The Oracle had the capacity for infinite forgiveness—and he had a soft spot for Yan Lin. He was not angry with her then, but he sorely wished he could bring her around to his point of view.

I am going to need every one of the Elders firmly beside me as we battle Nerissa and her dark forces, he thought. And as we put our faith in the hands of such a young Herald . . . and Guardians.

He would need to let Yan Lin know she was still in his favor. So the Oracle led her up a glittering staircase to yet another aerie, with yet another splendid view of the Temple. He gazed out over Candracar as if to say, "Here it is: all we have to preserve; all that is at stake in the coming fight." Then he turned to Yan Lin. "The person has been chosen," he said. "It is no longer the time to discuss this matter. We must accept what is to be. There is no other option."

With any luck, Yan Lin would cease to interrogate him. With any luck, she would respect his wishes for just a bit longer. He only hoped there was time for his plan to work.

TEN

The first day of school was finally over. And it couldn't have come soon enough, Taranee thought. Now, classes could be forgotten, and more important things could be handled.

Taranee hurried to Will's house a few minutes behind her friends. She'd parted ways with the other girls just a few blocks from school with a special mission in mind. There was only one thing she could think of to brighten up that dreary afternoon: a box of candy. So she had stopped at a fancy shop around the corner from Sheffield Institute. She'd selected a few dozen chocolates and watched as they were packed in a big blue box with three layers. No gloppy fillings here—and no nuts! thought Taranee with satisfaction. Just pure, smooth chocolate.

Guaranteed to mend a broken heart . . . or at least satisfy a sweet tooth.

Making her way through downtown Heatherfield, Taranee passed the Lodelyday, the place where Matt and Will had had the first part of their first date. Until Matt forgot his wallet, Taranee remembered with a smile. Luckily it was an awkward moment that turned out okay!

Who would ever have guessed things would end up like this? Taranee thought sadly. Who would have thought they'd end up fighting on the first day of school. They seemed like the perfect couple!

She still remembered her first impression of Matt, back when she was new in town. He seemed cool and unapproachable, with his long hair and his carefully sloppy clothes. He was totally crushworthy. And that was *before* she'd found out he was the guitarist in a band so good that they had once opened at a Karmilla concert! Talk about a dream guy.

But Taranee quickly discovered that Matt wasn't all rock 'n' roll. She had come to see a different side of him through Will. Matt didn't spend his free time cultivating his rock-star image or anything like that—instead, he worked at his uncle's pet shop. He had a quiet sense of humor and a sweet way with words. Will had let her friends read all the messages Matt sent her while they were at Irma's, and Taranee couldn't help wishing that someone—like Nigel, maybe—would write messages like that to her! Everything seemed so right between them, mused Taranee. So how had it gone so wrong . . . so quickly?

Taranee was the bookish one in the group, and from all her reading she *knew* there had to be an explanation for Matt's odd behavior. But nobody is going to try and figure it *all* out right now, Taranee told herself as she walked into Will's building.

It wasn't like her to put off a problem for later—Taranee liked to delve right in and analyze things from every angle. Dissect the problems and create solutions. Today, however, that wasn't the point. She and her friends had to be there for Will, pure and simple. There would be time after the chocolate . . . and some crying, to deal with Matt.

She rode the elevator up to Will's floor and let herself in to the apartment. Inside, she was greeted by silence. Taranee made her way through the apartment and found her friends sprawled on Will's couch while Will paced back and forth. Taranee cocked an eyebrow at Hay Lin as if to ask, "What's going on?" Hay Lin just shrugged in response. They were following Will's lead, apparently, and Will wasn't talking. So neither were they.

Quietly, Taranee put the box of chocolates on the coffee table. Still eerily quiet, her friends pounced on them like a pack of starving wolves. Taranee joined in. She ate one piece, and then another, her mind drifting back to the earlier scene at school.

So much had happened that morning that she hadn't really had the chance to think about meeting Hay Lin's new crush, Eric. He had seemed nice, Taranee decided as she crinkled up a chocolate wrapper. Nice was always a good quality in a boy. And it seemed as though he genuinely wanted to get to know them, which was a good sign.

He gets the big thumbs-up, she thought. So I guess that means that all five of us have a crush now. Who would have thought we'd all pair up . . . or at least have the potential to pair up? Maybe someday we'll go on a quintuple date!

The thought almost made her laugh out loud. She caught herself just in time. When she had gotten herself under control, she reviewed all of the couples in her mind. There were Hay Lin and Eric, who were still getting to know each other, and Will and Matt—it was too soon to write them off. Taranee knew she shouldn't count Martin as Irma's crush, but sometimes she wondered . . . and Martin definitely had a crush on Irma. Plus, Irma always had a crush of the moment, so she would always be up for a date. And Taranee? Well, Taranee had been crushing on Nigel for a long time now. She was hoping, though, she'd see more of him this year—maybe even persuade her mom to like him.

Once, he'd gotten in trouble for trespassing at the Heatherfield Museum, and Taranee's mom had just happened to be the judge who sentenced him to some long hours of community service. Nigel didn't seem to hold it against Taranee, but her mom always thought Nigel was in with the wrong crowd, no matter how much he changed. Sometimes Taranee felt as though she were in the middle of a lose-lose battle.

Her eyes fell on a newsmagazine that Will's mom had left next to the couch. Would it be too rude if I picked it up and started reading? she wondered.

Taranee was suddenly filled with the weirdest feeling. She felt as though she were failing to remember something important that had happened over the summer. What was it? She could picture Irma's beach house, and the place she'd gone later with her own family, the mountain village of Sesamo, but there was something missing. Taranee tried to think what she was forgetting; she couldn't shake the feeling that something else big had happened over the summer. She was about to reach for the magazine, hoping to jog her memory a little, when Irma started muttering something with her mouth full.

"One . . . two . . . shree . . ." Taranee tried to tune it out, but Irma kept on going. "Five . . . shix . . ." Irma took another bite. "Sheven . . . eight . . ."

"Cut it out, Irma!" Cornelia interrupted. She wasn't known for her patience . . . especially when it came to anything Irma did or said. The two of them didn't exactly see eye to eye.

"What's your problem?" Irma demanded, giving Cornelia an angry look before she explained. "Will's pacing, and I'm keeping count."

Nobody responded, because suddenly Will spoke. She'd stopped moving as she froze in front of the window. Will leaned against it, her arms crossed above her head, and started saying, "You're so dumb, You're so dumb," aloud, but obviously to herself. She seemed completely unaware of the worried girls nearby.

It was a terrible thing for her friends to hear. "Don't be so hard on yourself," said Taranee gently. Will was their leader; she couldn't break down now—especially not over a boy! She had faced so many things that had seemed so much worse.

Cornelia seemed to agree. "You need to let it all out, Will. But Taranee's right—it isn't your fault!" Then, with no warning whatsoever, Cornelia ran over and got Irma in a mock head-lock. With a grin she added, "You know, Will, you could always pick on Irma. It might make you feel a little better. I have to admit, it makes *me* feel better. If I were you, I would have done it by now myself!" But Cornelia looked pretty serious, and Taranee wondered if she should do something.

Irma kept squirming, but Cornelia had pinned her. "Stop it!" Irma cried. "I'm not kidding, Corny! Knock it off!"

I wish they'd leave each other alone, Taranee thought. Why are they acting like this right now?

She knew the answer. It's because we don't know what else to do, she decided. None of us has ever been hurt this much by a boy. So, we are doing our best—but I'm not sure that's enough.

Taranee's worries were interrupted by Hay Lin, who approached her and glanced at the couch where Cornelia and Irma were still wrestling.

"Want me to make some tea?" Hay Lin asked. It was what she always did when people were feeling blue.

Taranee nodded—she sure didn't have any better ideas.

Will's head whipped around when she heard Hay Lin's offer. Hay Lin looked at her reassuringly and added, "It's my special tea! You know . . . the one that even helps you stomach boys' stupidity!" Hay Lin turned and walked into the kitchen.

Somehow the words got through to Will. She turned away from the window and grabbed a tissue, blew her nose, rubbed her eyes, and stared at the floor. "I was really hoping that Matt and I . . ." she began, her voice a little calmer.

Don't even say it, thought Taranee. "I'm sure there's a reason for what he did," she interjected in a rush. "He's not that kind of guy. . . ."

All of a sudden Will was crying again. "I hate him!" she blubbered. "Yeah, I hate him!"

They all knew that that was *so* not true . . . Will knew it herself. She burst into yet another crying fit.

Taranee joined Cornelia and Irma on the couch, and all three of them turned to peer over the back of it at Will.

For a moment, Taranee wondered if in fact Will wanted *not* to talk.

Taranee was quiet, sometimes, and definitely a private person. She hated it when she shared her feelings with her friends, only to regret having done so later. It made her feel guilty . . . and even more alone. Even though Taranee knew her friends would always listen, she still kept a lot to herself. Maybe Will was feeling the same way.

I'm changing, though, Taranee reminded herself. It wasn't long ago that I was a total fraidycat, wary of new situations, and super shy. Back then I would *never* share—not even if it made me feel ten times better. But that's not me anymore.

She thought about all the brave things she'd done with her Guardian friends, the bad guys they had faced and the various people they had saved. That part of her wanted to tell Will to pick up her phone and demand an explanation from Matt. But the other part wasn't sure she would have followed her own advice!

Things were so much less complicated this past summer, Taranee sighed. There hadn't been any boys at Irma's house that week when they were at the beach, and it had been perfect. It had been fun to talk about boys, and call them, and tease one another about them. But it was a lot more peaceful with the boys at a distance!

Taranee watched as Will walked around the sofa and finally threw herself at her friends' feet. She leaned her elbows on Cornelia's lap and asked them all, "How can you guys even put up with me?"

Hay Lin came back into the room carrying a tray with five steaming cups of tea, just in time to lighten the mood. "We *put up* with Irma," she quipped, "but *you*, we're crazy about." Her tone was just right, enough to bring a wry smile to Will's face.

"Hey!" complained Irma, feeling the brunt of one too many jokes at her expense. Taranee could tell Irma had had enough.

Cornelia smiled smugly. "Well said, Hay Lin."

Just then, Taranee remembered something. She dug in the back pocket of her jeans for a handkerchief she'd carried with her for good luck on the first day of school. It was a little old-fashioned, she knew—who used a hand-kerchief these days? But her grandmother had given it to her, so it always felt special to Taranee. Plus, it went with the romantic off-the-shoulder shirt she'd chosen to wear that day! She'd been so caught up with Will and Matt that she had had no idea if Nigel had noticed it. Taranee had a lot more to offer than a stylish back-to-school wardrobe, though.

The handkerchief was a source of strength, totally apart from W.I.T.C.H.: a reminder of who she was and where she came from. She needed all the reminding she could get these days! But someone else needed a handkerchief a lot more than she did. "Come on, Will!" she said, handing it over. "No more tears, okay?"

ELEVEN

Eric Lyndon followed Martin Tubbs down the steps of the main building at Sheffield Institute. He was utterly and thoroughly exhausted. It had been a long day of learning names, smiling at everyone he met, and trying not to get lost. He didn't exactly miss his old school—his family had moved around a lot, so he never got too attached to one place—but he *definitely* missed the feeling of fitting in.

Sometimes I get sick of finding my way around a new place over and over again, he admitted to himself. After one too many times, the appeal of being the new kid again wears off . . . big-time. It would be nice to start a new year in the same place where I spent the last one!

One thing that made the day a little easier, though, Eric thought, was seeing Hay Lin. And her friends were pretty cool, too.

Hay Lin had already told him all about them during the summer, but meeting them in person gave him a much better picture. He could tell immediately that the five friends were a tight-knit group. Irma seemed every bit as bubbly as Hay Lin had described her, while Taranee was studious but sweet. Even Cornelia, the "popular" one of the group, was just what he had expected—beautiful but completely approachable. The only person he couldn't quite find a connection with was Will. It had seemed as if something were bugging her, Eric thought, recalling the meeting. Something to do with that guy Matt, maybe?

A girl in his old school had once told Eric that he was good at figuring people out. She had called him intuitive. Eric would never have described himself that way, but he had to admit that it was true that he could tell things about people's characteristics before he really got to know them. It was as if he picked up on their vibe or something. He could tell almost instantly if they were "good" people. That was why he'd liked Hay Lin the instant he'd almost hit her with his motorbike. That was also why he'd sensed Will's discomfort that morning. And right now, he had a feeling about this Martin Tubbs, too. Eric didn't want to give himself too much credit—the kid's uniform was kind of a giveaway—but Eric was willing to bet that Martin wasn't exactly your average Sheffield student. He was nice and outgoing, but a little strange. Martin was definitely eccentric, and Eric liked that about him. After meeting so many people that all seemed the same—despite the school—Martin's quirky personality was refreshing.

And being eccentric definitely didn't seem to bother Martin. He was just eager to help—anybody. It turned out that Martin lived in Eric's new neighborhood, and so as soon as Eric mentioned that fact, he'd volunteered to teach Eric a shortcut home—showing him some local sights along the way.

So now he found himself following Martin as he briskly led the way across a busy street. Then Martin piped up with the same question Eric had been asked, oh, a hundred times that day. "So, where did you live before coming here?"

"I lived in Scandinavia for a couple of months," Eric explained patiently. "My folks were working on a space research project." He figured that space exploration was right up Martin's alley and would keep him preoccupied enough to prevent more "where are you from" questions.

Sure enough, Martin did a double take when he heard the words "space" and "station." "Really?" he gushed. "The Happy Bears will be crazy about your stories! Want to come to today's meeting with me?"

Well, that explains the outfit, Eric thought with a smile. But he had never heard of the Happy Bears. It was yet another one of the annoying things about always being a fish out of water—he never knew the ins and outs of any school . . . or its groups. Were the Happy Bears a Heatherfield group—in which case nobody would expect him to know about them—or a group with members everywhere, which he'd just happened to miss hearing about? Eric got the sense he shouldn't ask too many questions if he didn't want to join. Martin seemed a bit too eager to sign him up and slap a uniform on him. He'd have to stick with a light and witty response. "I'll only come if I can have a uniform just like yours!" he said.

"Nice, isn't it?" asked Martin without a trace of irony, touching the bandanna tied neatly around his neck. "You have no idea what effect it has on girls!"

Suddenly, Eric realized he'd gotten another vibe from Martin, one that seemed so outlandish it hadn't even registered at first. Maybe Martin had been lingering on the fringes of Hay Lin's crowd for a reason . . . or for some*one*. "Girls?" he repeated. "Like Irma?" Eric didn't have to wait long to find out if his guess was right.

Martin blushed a deep shade of purple. "Well, Irma's used to uniforms. Her father's a policeman," he said. "With her, I just use my captivating charm. No need to rely on the uniform."

Turning his back to Martin for a second, Eric broke into a huge grin. He couldn't wait to tell Hay Lin what Martin had said. She would get a total kick out of Martin's confession. Eric composed himself quickly and glanced at his watch to see how much time he had to kill before he could call Hay Lin's house. Even though he had seen her during the day, he was already missing her voice. But by now he knew not to call before the dinner rush was over at the restaurant. He sighed—there was still a lot of time left.

He walked faster and caught up again with Martin, who had not stopped walking. He couldn't afford to lose the guy; he had no idea where he was! Besides, he had nothing else to do, and Martin seemed intent on showing him around.

The boys approached a long flight of stairs that led to a pedestrian bridge that spanned the street. They climbed the stairs and walked onto the bridge. Martin was momentarily quiet, so Eric had a chance to take in the scenery. The downtown area quickly gave way to quiet residential streets, with fenced-in green yards and cars in the driveways. Every once in a while a large building would appear, but for the most part, it was picture-perfect. In fact, it was all so bright and shiny that it almost made Eric's eyes hurt. Heatherfield was a long way from the frozen wasteland where he'd spent the past several months with his family.

It's hard to imagine feeling at home here,

thought Eric. I haven't lived in a city in a long time. It feels like I have been isolated. On the other hand, though, there are people like Hay Lin and her friends here. So maybe it won't be that bad.

Eric's thoughts were shattered by Martin, who got another burst of energy and launched back into his "how to woo girls" monologue. It was as if there hadn't just been several minutes of silence between them.

"I'll teach you how it's done, if you want," Martin offered. He was looking hopefully at Eric, waiting for a response.

Eric figured he'd play along and see where this led. "Aren't you worried about competition?" he asked Martin.

"Na-a-a-ah!" said Martin. "I can see you're a guy I can trust." Then he abruptly switched topics, as if he had changed his mind and wasn't sure he should talk about the topic anymore. "Are you coming to the fireworks show?" he asked.

Does he think Irma will be by his side? Eric asked himself. Well, maybe Hay Lin will be by mine! He was still glowing with the memory of the night of the shooting stars he had shared with Hay Lin. And fireworks were *almost* as romantic. "Hey, why not?" he said noncommittally. "When are they?"

"Day after tomorrow," Martin replied. "And if Irma stops beating up the guitarist, Cobalt Blue is going to play." He blushed again when he said her name.

Eric quickly put two and two together. Irma had almost beat up that guy Matt, the one who seemed to have upset Will. "Cobalt Blue," he said. "Is that your friend's band?" It might have been a stretch to call Matt and Martin friends (they were *so* different), but Eric didn't know how else to describe him.

"Yep," Martin confirmed. Proudly, he added, "They're pretty good. They were the opening act at the Karmilla concert!"

Karmilla's reputation had traveled even to the remotest corners of world—Eric was impressed. "So, Matt's band opened for Karmilla? Wow!" Hay Lin had neglected to tell him that her friend had a crush on a budding rock star. He could see how that might make things complicated—and how it might account for Will's strange behavior.

Martin's voice dropped as he confided

something to Eric. "I have a feeling something happened between Matt and Will," he said. "I pick up on things like that!"

Eric had to smile. So maybe he wasn't the only intuitive boy at the Sheffield Institute. It was good to know that he and Martin actually had something in common. From experience, Eric knew not to rule anybody out too quickly. You never knew who your friends were going to be. Still, he hoped that he would meet some guys that he had a little more in common with. But he'd have to deal with that at another point. Right now he needed to pay attention to this so-called shortcut.

He and Martin trudged past a stretch of stores and then through a city park. Just when he was wondering how that route could be termed a shortcut, a basketball appeared out of nowhere with a *Thud*! "What the . . .?" Eric asked. Moving quickly, he caught it on the first bounce.

"Hey, heads up!" someone called out from the basketball court in the park.

"Got it!" cried Eric. Could it be a little pick-up game? He hadn't gotten a chance to play basketball in a while and he was anxious to get onto the court. This would be the second-best thing that had happened to him since he had arrived in Heatherfield, the first having been the encounter with Hay Lin, of course.

A guy poked his head out from around the fence that separated the court from the park's walkway. He was tall, with straight, chin-length hair, and Eric could have sworn Hay Lin had pointed him out earlier. He was pretty sure the guy's name was Nigel. And one of Hay Lin's friends liked him—Taranee, he remembered. What a coincidence! Since the girls were friends, Nigel would be a good person to get to know. And, if the girls liked him, maybe Eric would, too.

"Martin! Good thing your friend caught the ball!" Nigel called, his eyes darting in Eric's direction. "It would've been the third one we lost today!" Martin giggled nervously, like someone who didn't know what to say in the presence of a piece of sports equipment.

"Feel like shooting a few hoops?" Nigel asked Eric and Martin with a friendly smile as the other boys on the court drew closer.

Eric was dying to jump right in—his own basketball was still packed in a box somewhere, and he hadn't played since his family's move. The game was one of his all-time favorites, and, since he was so tall, he wasn't half bad at it, either.

"What do you say?" Eric asked, turning to look at Martin.

Martin's response was just as he'd suspected. "Didn't you want to visit the city's historical sights?" he whined.

Nigel dribbled the ball as he waited for an answer. Eric weighed the different options. He felt bad ditching Martin, who was only trying to be nice, but Nigel's offer was too good to pass up. It usually took a lot longer than that for Eric to meet kids he thought he could really like . . . and he was eager to get back on the court.

"You don't mind, do you, Martin?" Eric asked awkwardly. It was painful to give Martin the brush-off after Martin had offered to be his tour guide, but he'd make it up to him some-how, make a special appearance at the Happy Bears or something. And he could always take the long way home.

Folding his arms, Martin muttered, "Culture always loses out to brute force!"

Eric caught Nigel's eye and saw in his

glance a confirmation of everything he had thought. Martin was nice, but a little strange, while Nigel was just the kind of guy that Eric needed to meet if he were ever to feel at home in Heatherfield. But Eric was saved from making any more decisions.

Diplomatically, Nigel said, "You can show him around later, Martin." Then he tossed the basketball to Eric and added, "Now it's time for us to play!"

TWELVE

He'll never find his way home without me,
thought Martin smugly. And he'll never get to
know *this town* if I don't show him around.

There was nothing Martin liked less than an
uninformed citizen of Heatherfield—and nothing he liked more than recruiting new members
for the Happy Bears. Eric would make a great
addition to the Bears—he couldn't let him get
away. Plus, Eric seemed like a really nice guy,
and it would be fun to have a new friend.

It looked as if Martin were just going to have
to stick around while the new guy played basketball. That way, he could continue his
conversation with Eric Lyndon later.

I think he liked the idea, Martin
thought confidently. Pretty soon he'll

be coming to meetings twice a month!

Since Martin disdained any physical activity, he thought he might as well start his homework while the other boys ran around the court. It was never too early to get a head start on the new school year—Martin had read half of his textbooks over the summer already. But when he glanced up, things looked tense. Maybe watching *would* be more entertaining than reading.

Eric Lyndon dribbled the ball down the court. He looked like a natural ballplayer. "Look who's here!" Eric cried in surprise, when he almost barreled into another player.

Nigel filled in the name for him when he saw Eric looking quizzically at the player. "This is Matt!" he said. "And I'm Nigel, by the way—it's nice to meet you."

It was hard for Martin to believe the three of them hadn't met already, since they seemed alike in so many ways. And in Martin's experience, people who seemed alike usually ended up hanging out.

Martin's eyes bounced from Nigel to Eric to Matt like a Ping-Pong ball (that was one of the few sports he could stomach). Nigel looked genuinely pleased to meet Eric. But Matt was a different story altogether. He didn't look at all happy to see Eric Lyndon, and Martin was pretty sure he knew the reason why. Before he could say anything, Nigel spoke up.

"First one to ten wins!" he called, unaware of the tension on the court.

As the boys raced after the ball, Martin tried to reconstruct in his mind what had happened that morning. He knew that that had had something to do with Matt's evil looks at Eric.

Martin made it his business to learn everything he could about Irma and her crowd of friends. And the way he figured it, Will had a big crush on Matt. Martin had even spotted them one night, dressed up and heading together to the Lodelyday! It looked a lot like love.

But maybe it's no longer love, Martin thought. Will had been away for the end of the summer. So Will and Matt couldn't have seen each other in at least a few weeks, Martin surmised. They had probably been pretty psyched to see each other again—until Eric Lyndon had happened on the scene, that is.

Martin was proud of himself for putting it all together. Not that it had been hard to do. He considered himself quite the mystery solver.

He'd been heading toward Irma at the very moment when Will and Matt had reunited, and he'd happened to catch the looks on both their faces. Will had looked ecstatic, Martin remembered. But Matt had looked heartbroken . . . and angry.

And why was that? thought Martin. He was willing to bet it was because Will had just finished shaking Eric's hand. Unfortunately for Matt, Will hadn't seemed eager to let go of that hand.

Martin glanced over at Matt on the court. With his brooding eyes and goatee, the guy did look pretty intense. It wasn't hard to imagine that he might be the jealous type. He must, Martin thought, have thought that Will was *holding* Eric's hand, not shaking it. It was a simple mistake to make. If one were prone to overreacting. I'd never treat my Irma that way, thought Martin. I know she likes me—even if she ignores me.

But that still left one question, Martin thought. What was Eric Lyndon doing with that group of girls in the first place? It seemed as if he knew them pretty well already—or some of them, anyway. Martin hadn't yet put together that piece of the puzzle, but he knew he would, eventually.

My brain is like a well-oiled machine! he gloated. I never forget a detail, and I never fail to make connections.

The other boys were talking to each other over the sound of the basketball hitting the pavement. "So, Martin tells me you have a band," Eric said to Matt.

Look at Eric being all friendly to Matt, Martin thought. Too bad he has no clue that Matt has it in for him.

Matt was not interested in cheery chitchat. "Uh-huh . . ." he grunted in reply to Eric's question.

Eric probably just thinks Matt's engrossed in the game, Martin decided. But I know better. This game is headed for trouble.

Oblivious to Matt's irritation, Eric continued to talk to him. "Who knows? Maybe one day we could jam together," he said. "It could be fun."

"Hmph," said Matt, dismissing him. "We'll see." He tossed the ball through a basket to score a point—and, perhaps, to *make* a point.

Matt was in the lead now, and clearly happy to keep it that way.

Martin felt a little sorry for Eric. The guy needed some major saving. Martin to the rescue! "So you're a musician, Eric?" he asked from his spot on the side of the court. It wasn't every day that someone proposed a jam session with the guitarist from Cobalt Blue—he had better be good!

"I learned when I was little, from my grandpa," Eric said, stealing the ball from Matt and rushing in the other direction. "But I'm not too shabby at basketball, either." From halfway down the court, Eric went for the basket—and scored! Even Martin knew it was an impressive shot, and he could hear Matt whistle softly in grudging appreciation.

Eric acted as if it were no big deal. "Down at the observatory," he continued, running backward, "there's a room full of musical instruments. I used to hide down there, and, boy, would my grandpa get mad!"

Matt rolled his eyes at Nigel when he thought that nobody was watching. But Martin saw.

I miss nothing, Martin congratulated himself.

What is Matt so annoyed by, anyway? Does he think that putting a ball through a hoop should come before a perfectly decent conversation?

Martin, for one, was a lot more interested in hearing Eric's reminiscences of childhood than he was in the game—even if Matt looked bored.

The *Tump! Tump!* of the bouncing ball almost drowned out Eric's voice, but Martin heard him finish with, " . . . Until one day my grandpa told me, 'Seeing as you like those things so much, why don't you choose one and train it?'"

What? Martin thought. Doesn't he know you train yourself to play an instrument—not the other way around?

Nigel was with him on that one. "Train an instrument?" he asked, confused. "How are you supposed to do that?"

"Yeah, I know. Kinda weird, huh?" said Eric. "Train an instrument. Teach it to do what you want it to. To play the kind of music you like . . ." His voice trailed off as he realized that nobody was quite following what he was saying. The guys looked pretty confused.

Martin was ready to lend him a hand again—after all, his ulterior motive was never too far from his mind. He saw real potential for Eric to be a Happy Bear! He could help them come up with a group song. Maybe Eric just needed a chance to explain, so he asked, "And then?"

But Matt blew him off. "Stay tuned for the next episode," he said, acting as if Eric's story were too long to care. "So, Eric," he changed the subject. "Are you leaving soon?"

Please! thought Martin. I've had enough of this game. He was more than ready to hit the road before somebody got hurt.

Eric, though, seemed to think Matt was asking him when he was leaving *town*. "I don't know. But I think I'll be here for a little while, at least. Heatherfield is full of great people," he said optimistically.

"You talking about Will?" Matt countered, his eyes narrowing.

Martin drew in his breath as Eric stammered to respond, "Well . . . her, too. But to tell you the truth, I was thinking of someone else." A moment passed, and then Eric added one more thing, just to clarify. "Plus, I get the feeling that Will has a real weakness for guitarists!"

Good save, Eric, Martin thought. Eric must

have sensed that something was up between Matt and Will, he guessed. Some people just knew those things.

The sour look on Matt's face sweetened up as he realized what Eric had just said. If Eric wasn't after Will, then Matt had nothing to worry about.

Except that he's wrong, he made a big mistake today, Martin thought. I saw Will crying with her friends. I bet it had something to do with Matt's cold behavior.

Martin had no reason to dislike Matt, but he felt a loyalty to any friend of Irma's. After all, Martin was like an honorary member of her group, and any insult to Will was an insult to Irma—and an insult to him!

I feel Will's pain, Martin thought. Matt will need to make amends.

Martin had never thought Eric liked Will, anyway—he'd thought it was a mix-up from the start. Still, he didn't know why Eric had been with the girls that morning. . . . All at once, Eric proposed a new destination. "You guys feel like going to get something to eat at the Silver Dragon?" he asked.

Martin leaped up in the air triumphantly. At

last the mystery had been solved. "Aha!" he cried. "Hay Lin!" Eric must have met her over the summer—and he probably had gone to her family's restaurant, too. That would explain Hay Lin's nervous look right before Eric had walked up to the group. It would also explain why Eric seemed to know the girls even before the school year had started.

Doing some quick calculation, Martin realized that there were five girls in Irma's inner circle, and four boys on the basketball court. They all matched up. Matt and Will. Eric and Hay Lin. Nigel and Taranee. And Irma and Martin! Well, *kind of,* Martin and Irma.

Martin knew they weren't exactly a couple, but he would never give up hope. Maybe one day he'd really be with her. Maybe one day he'd really be a part of that crowd.

The only girl missing, Martin realized, was Cornelia. People thought she was pretty. And popular. So why wasn't she dating anyone? Why hadn't her friends helped her out in the love department? It was a question Martin had never really considered before, and he decided to look into it. Maybe he would even find a solution, come to think of it.

I know, Martin said to himself, raising a finger in the air before he followed the other boys, who were heading to the restaurant. Maybe she needs to meet a Happy Bear!

THIRTEEN

Far inside Mount Thanos, Nerissa held her head in her hands. Flames danced around her, and lava burbled beneath her, but nothing was hotter or more fiery than the burning in Nerissa's heart.

The time has come, she realized. I cannot—*I must not*—wait any longer! I need to act now, before it is too late.

She had tried to work with the captive, to make him do her bidding without brute force. She'd hoped to find a kindred spirit buried within him—after all, she knew he had once served the dark and evil Prince Phobos. But Caleb had been influenced by the spirit of Candracar, with its lofty notions of loyalty and peace. She had not been able to coerce him to her side. So now, Nerissa would resort to her backup plan. She would take the powers from him with her own might . . . no matter what the cost to the boy.

For centuries, the only emotion Nerissa had felt was rage. It had filled her lonely tomb, as volatile as gas and ready to explode, crowding all fear and all pain out of her mind. Anger fueled her spirit and consumed her every thought.

Now, however, she was a bit worried about whether she could channel her anger in just the way she had planned. She intended to seize Caleb's copies of the Guardians' powers. With them in her control, she would transform herself into the ravishing young Guardian she once had been! She would be unbeatable.

From somewhere on earth, she could feel the Heart of Candracar calling her, begging her to rescue it from the impostor, Will. The young girl should not hold the Heart. Nerissa knew that the Heart was hers and always would be.

I will suffer our separation no longer! she promised herself. *It has been too long since I held the orb in my hand. Too long.*

However, what she was about to do was risky. She had used magic to accomplish many things, but she had never used it to turn back time.

That's because I have never had my hands on all five of the great powers at once, she reminded herself. The Power of Five is unstoppable! The blond Guardian used it to restore Caleb—who now lies whimpering at my feet—to life. That is not so far, or different, from my goal. I, too, seek new life!

To reclaim the powers and transform her body, Nerissa would have to use every ounce of magic at her disposal.

To begin with, she would need her four monstrous servants. She had created Ember, Tridart, Khor, and Shagon with the power she had carefully hoarded over her many years of exile. To ensure her success, she would need to borrow some of it back. At best, this would incapacitate her creatures for a time. At worst it would destroy them—and Nerissa would be alone . . . and powerless, once more. That was the one thought that pierced her hardened heart and exposed the dark core of fear that still lay within her. But there was no time for that. It did not pay to be afraid! With courage and confidence, she would bend fate to her will.

She made her way quickly to the captive, who was deep inside among the lava rocks now, close to burning alive. Nerissa called her beasts to gather around him as she began to explain her next move. "An old hag," she proclaimed to them, light flickering across her ruined face. "That's what I have become!" They regarded her stolidly, not daring to respond to their mistress's statements. As the beasts were Nerissa's creations, they knew enough not to question her. Ember, Tridart, Khor, and Shagon just stared into the flames and occasionally looked back and forth between the rogue Guardian and the rebel leader of Meridian.

Nerissa drew a deep breath and spelled out what she would need from her minions. "I only wish to ask a little favor of you," she explained. "But I know I can count on you to help me. I want you to give me back a little bit of the life that I gave to you," she wheedled. "It won't be painful. Not any more than necessary, that is . . ." Lies had always been her stock-in-trade, her standby. There was no reason to speak the truth now. "Believe me," she said with a wicked smile, "this will hurt me much more than it hurts you."

The kindness inherent in those words irritated Nerissa.

They make me sound like the Oracle! She bristled. Weak and too sympathetic. Calling his Congregation to order with false promises. Letting emotions take over.

Nerissa felt the familiar longing to see Candracar again—and to crush it. It would be soon now—*very* soon. She just had to deal with the young Herald first.

She moved toward Caleb, brandishing her staff. "Your hostility is starting to irritate me, Caleb," she said, as she came closer.

Although his body looked spent, his voice still had some fight left in it. "Aren't you tired of failing?" he taunted her. His eyes blazed with anger and determination as he added, "You know I'll never betray Candracar—or its Guardians!"

"If that's the case," Nerissa sneered, "I'll have to get that betrayal out of you . . . against your will!"

She closed her eyes and called to her memory the shame of her sentencing, the pain of her isolation, the years of scheming that had helped her arrive at this moment. She summoned the powers of the elements that screamed all around Mount Thanos: earth and wind, fire and water. She thought longingly of holding the Heart in the palm of her hand once more. She imagined the shining, bright light that awaited her command. Then, when she had gathered all those thoughts together, her empty eyes fixed on Caleb's fearful ones, and Nerissa howled, "May the energy of my creatures sustain me! *I will reclaim the power of the Guardians!*"

With those words, a strong wind rose up, whirling dust and flames into a great tornado. As it spun, the wind gathered strength and speed, mass and sound. *Broooomm!* It sailed past Caleb and ripped him clear from his prison. *Craaaack!* Then it wrapped itself around Nerissa's servants, stripping them of the power she had lent them, leaving them limp and nearly lifeless.

Nerissa surrendered to the power and intensity of the swirling gusts. There was no way to stand up against this awesome power once she had set it in motion—she could only wait to see if it would do her bidding.

For a moment, she felt nothing other than the powerful wind and intense heat. Nothing but the buildup of a mighty power.

Then her body was jolted by a new and electric energy. It was the magic from Khor and his sidekicks, she realized, and it was clicking back into its rightful place. Her heart soared, and her muscles flexed. Her blood raced, and her eyes popped open, ready to regard and embrace the destruction she would unleash. She had all of the strength she needed . . . for now. She was ready to complete the transfer of power.

"May life return, to flow in my veins," she croaked in the stifling atmosphere of Mount Thanos. "Now!"

The volcano strained and groaned. For an instant Nerissa thought that all was lost. Then . . . *kazuuuumm!* it erupted in the one explosion it had been preparing for all its existence, the blast that would shatter it forever—and launch unknown powers back into the world.

Nerissa could not think or focus, but certain sights crossed her line of vision. She saw the body of Caleb launched from the inferno like a rocket, his arms spread out in shock. Then there were her servants, their features twisted in the pain of betrayal. Finally, there was a last gush of lava, spilling out into the frozen tundra all around, coating and melting it beyond recognition. Nerissa watched all the chaos and then threw her head back, overcome with horrible laughter.

She continued to watch the devastation unfold, mesmerized by its beauty and its strength. She could see Khor's hand struggling to gain hold of an outcropping of rock, but she did not deign to help him. It was pointless to bother. Where she was going next, she would not need his help. She no longer—if she had ever—cared what became of any of them. She had used them and would be happy to be rid of them.

As the sounds of chaos grew softer and the air cleared, another strange feeling began to wash over Nerissa. Her body felt lighter, somehow, more flexible and firm. Her vision was keener and her hearing clearer. The bones in her body no longer ached when she bent and twisted. Suddenly, she found that her anger was mixed with a dash of hope, like that of a child.

When she looked at her hands, she couldn't believe what she was seeing. No longer wrinkled or gnarled, they were the hands of a young woman, with clear skin and shining nails. Nerissa was almost afraid to use them, but she slowly lifted one to her head and felt smooth hair where a coarse and tangled mess had been before the explosion. She pulled a handful of it in front of her face, and then she knew for sure. The power had worked! She was transformed! Her hair was as black and glossy as it had been on the day she had gone in chains before the Oracle, humiliated for all eternity. Curls bounced to her waist with the youthful spirit that Nerissa had been certain she would never feel again.

Nerissa jumped to her feet, no longer crippled by the ache of the centuries she had spent inside a tomb. She smoothed her hands over her waist, luxuriating in the fine purple silk that covered her lithe new body, an elegant dress cut low and falling all the way to the ground. She rushed to a pool of melted ice to regard her reflection, and what she saw there brought back so many memories that she staggered backward for a moment. She remembered them all: Kadma and Halinor, Yan Lin and Cassidy. Especially Cassidy. When I saw her last, I looked like this, Nerissa thought. She felt a pinch of emotion—someone else might have called it regret.

But Nerissa squelched the unwelcome feeling with her usual vigor, and returned to her makeshift mirror, observing her reflection from every angle.

Oh, how the Oracle must have been quaking just then, she thought with satisfaction. The destruction of Mount Thanos would have sent shock waves reverberating through the universe. And surely, deep within Candracar, the Oracle's meditation would have been interrupted. She recalled with a smile that he liked to hover in midair, his legs crossed, in the very center of his Temple.

Perhaps my act has knocked him to the floor! she thought hopefully. At the very least, it will have opened his eyes. He can no longer be blind to my presence. And soon, he will know the fury of my revenge.

She could just hear his voice in her mind, whispering, "Nerissa, you are lost!" It may have been true back then, she thought gleefully, but it is so much truer now!

"My face . . . my hands . . ." she murmured. "There is a new power within me!" In the clear air of that apocalyptic morning, she collapsed into girlish giggles. And then she announced, to the devastation around her, "Candracar, here I come!"

FOURTEEN

Caleb could hear Nerissa's voice as he crept across the endless ice, every step causing agony to shoot through his body. She was far behind him now, but her words echoed across the vast and frozen tundra. He might have been beyond her sight, but he was not out of earshot yet.

"At last!" he could hear her scream. "How I had tired of this prison of stone! And so, may it disappear forever!"

His ears rang with the *ka-boom!* of disintegrating stone, the continuing roar of lava, and then, another demand from the mistress of Mount Thanos (or what was left of it). "Shagon!" she called. "Where are you?"

He's wherever you sent him, Caleb thought angrily. He didn't exactly like the guy with the snakes for hair, but Nerissa's unjust treatment of Shagon bothered him. She had created him with her own magic, only to sacrifice him for her greater scheme.

It doesn't surprise me, coming from her, but it's not right! Caleb thought. Will he do her bidding now? Where I come from, Shagon would fight back. He would make Nerissa pay for her unfair treatment—like I did with Prince Phobos.

But Shagon was not from Meridian, and he was *not* Caleb. Those rules didn't apply out here. Shagon's eerie voice came floating across the miles, answering Nerissa. "What is your command, Nerissa?" he asked.

"Bring me the captive!" she commanded imperiously. "I don't want to be carrying around any dead weight on our journey."

Caleb shivered, and it wasn't because of the biting wind. But he was on his way to freedom. He looked over his shoulder. First you have to catch me! He thought.

Shagon had to break the bad news to his mistress. "Nerissa!" he said fearfully. "I have news—Caleb has escaped!"

Caleb could only imagine how she would take the news. Nerissa never expected setbacks—and definitely didn't like to admit them, he knew. He could practically see her steely expression, her arms folded across her chest angrily. And then he heard her actual response.

"What a fool!" she shrieked. "Where does he think he's going? Out there he will find only snow and sea . . . and a stinging chill ready to wrap him in a mortal embrace!"

What she said was true, and yet Caleb had one advantage on his side. He had clung to a square of cloth as the explosion set him free. Now it was draped over his head and across his body, providing him some warmth . . . at least for a little while. Against the backdrop of disaster, it was a small triumph. But it meant that he still had a chance to survive.

Still, he was not home free yet. His body was bruised all over from the way he had crash-landed on the ice. His stomach was growling, audible even over the howling of the wind, and he realized that he couldn't remember the last time he'd eaten. Trying not to focus on food, he propelled himself across the wasteland with the positive thought that all was not lost.

I escaped, he told himself. I escaped. But I do not have much time.

He trudged across the snow, with no sense of where he was going except that it was away from Nerissa. He could not pinpoint the length of time he'd been in her clutches, but images of his captivity kept flashing before his eyes. Caleb had seen evil face-to-face before, when he'd served as one of Phobos's Murmurers in Metamoor. Nothing he had seen back then, however, not even the brutal battle to save Meridian, had prepared him for Nerissa's wrath.

I wasn't sure I would make it, he admitted to himself.

He had remained brave while in the belly of the volcano, but he had found no way to get away from the depraved former Guardian until she'd created that powerful wind that had destroyed his cell.

Caleb knew, now, that her revenge was planned down to the smallest detail. He could not help wondering, though, why she had not considered what might happen to him.

Did she assume I would cooperate? he

asked himself. Did she assume I would stay by her side?

Now that he had eluded her, Caleb liked to think that Nerissa wouldn't bother to pursue him. After all, she had claimed his copy of the Guardians' powers, then used the magic to restore herself to her former glory. She had no further use for him that he could think of.

Maybe I have exposed a small flaw in her grand scheme, he thought. Or maybe I have yet to see what she really has in mind for me. He turned his mind from that disturbing thought and plowed on across the ice, a tiny dot in the vast wilderness.

Despite the chill, his thoughts kept going back to his icy prison. He shuddered to remember his last sight of Nerissa, no longer a wizened old woman, but the shining young Guardian she once had been. She was beautiful, really, with her raven-dark hair and her fair skin, her purple dress showing off her slim, strong body. But her beauty was only on the outside. Her soul was full of fury, and her bellowing voice was filled with bitterness . . . and revenge.

It was terrifying to think that the objects of

Nerissa's rage were all that Caleb held dear: his friends, the Guardians. How he wished he could warn them! Caleb thought wearily. They knew Nerissa was after them, eager to seize the Heart, but they had never seen her up close as he now had. They had no idea what kind of power they were up against. And besides, they wouldn't even recognize her in her new form.

Caleb was concerned about his friends. Where were they? He still had faith in their friendship; it didn't seem like the Guardians not to respond. There must be some explanation, he told himself as the many sunrises and sunsets passed in his prison with no sign of Cornelia, his love, or her friends. Something must have happened. He only hoped that they were all safe.

Even as he kept his hope alive, Caleb knew he would have to rely on his own wits to get him through his current situation. There was no prospect of food or water, really, unless he tried to melt some snow in his frozen hands.

If I could only rest, Caleb thought, I could carry on a bit longer. I just need a chance to regain my strength after being in Nerissa's prison for so long. There was nothing in sight, though, except a flat and wintry landscape, and he couldn't very well rest in the open air.

If I don't find shelter soon, it will be the end of me, Caleb realized.

Could he build an igloo with his bare hands? Caleb felt himself grow weaker. He tumbled in the snow. "Ooof!" he cried as he fell to the ground. Instantly, he worried that Nerissa might hear him from Mount Thanos. But then he realized he had a bigger problem. Somebody was standing right in front of him. From where he lay, Caleb could see the bottom edge of a long, red cloak. And as he lifted his gaze, he realized that the cloak belonged to somebody he knew.

Somebody he *didn't* want to see.

Her long hair blew across her face, obscuring it, but her feline profile and frozen whiskers were all too familiar. He thought back on all she had done to hurt him, to separate him from Cornelia. He remembered that, save for her, Nerissa would never have reappeared. But if Caleb could forgive the Guardians, he would have to forgive the Keeper of the Aurameres as well. At the very least, he would have to risk turning to her for help.

Caleb let her see his face, and he threw his arms up in supplication. His mouth was frozen, his lips parched, but somehow he managed to croak, "Please, Luba!"

IN CANDRACAR . . .

...YOU HAVE PAID YOUR DEBT, AND NOW YOU ARE FREE.

HERE YOU ARE, LUBA . . .

WE WON'T FORGET YOU.

THIS BATTLE CALLS FOR SACRIFICES, GUARDIANS. ONE SACRIFICE WAS YOUR LOSING YOUR MEMORIES. YOU WERE NOT TO BE DIVERTED FROM A GREATER TASK.

BY GOING TO CALEB'S RESCUE AND SACRIFICING YOUR IMMORTALITY, YOU HAVE CHANGED YOUR DESTINY

DON'T BLAME YOURSELF, CORNELIA. THE POWERS OF CANDRACAR ARE WHAT MADE YOU FORGET CALEB! NOT THE QUALITY OF YOUR LOVE.

I THOUGHT MY LOVE WAS STRONGER THAN ANY SPELL!

GO, NOW. CALEB WILL STAY HERE, WHERE HE CAN RECOVER AND REST.

BUT WE STILL NEED ANSWERS TO OUR QUESTIONS, ORACLE.

AND YOU WILL HAVE THEM, GIRLS . . . JUST WAIT. THE TIME FOR ANSWERS IS DRAWING NEAR.

TO BE CONTINUED . . .